AF436066

ANTÓN TOURSINOV
EL MUNDO AL REVÉS

ANTÓN TOURSINOV

EL MUNDO AL REVÉS

CLP
Club de Librepensadores

Toursinov, A., 1976 -
El mundo al revés / Toursinov, Antón
20 cm / 248p.
ISBN: 9789929727007

Printed in the United States of America

ÍNDICE

RUSIA:
EL ESTADO FALLIDO

RUSIA, EL ESTADO FALLIDO

En los últimos años se ha intensificado la propaganda putinista en todo el mundo. América Latina no es excepción. Varios columnistas en distintos medios escritos guatemaltecos y centroamericanos dedican sus espacios al unísono a la alabanza de Rusia, de su presidente y, ¡qué barbaridad!, de su economía. Es evidente que solo en dos casos se puede loar un régimen tan aberrante como el de Putin en un país sometido al autoritarismo y a la falta de libertades como Rusia: por ignorancia o por encargo.

Básicamente, la idea de toda esa propaganda consiste en repetir las mentiras de lo estable que es la economía rusa, lo grande que es Putin porque "se opone a la hegemonía de los EE. UU. y del Occidente" y que ojalá vengan los empresarios rusos a Guatemala, a Centroamérica y demás países latinoamericanos para rescatar sus economías.

En fin, una cantidad de fantasías impresionante. Claro, es muy fácil manipular la mente de un público acechado por sus propios problemas locales y que poco sabe de aquel país tan lejano y exótico. En primer lugar, cualquier persona que de verdad se interesa por Rusia, su economía y su situación política con el objetivo de buscar las inversiones, sabe con precisión que ni tiene una economía estable ni es un país "salvador" de nada y de nadie. Para comprobarlo, se puede acudir a los numerosos índices que se presentan cada año sobre múltiples aspectos sociales de cada país del mundo. Y, por cierto, todos estos índices son bastante odiados por la propaganda rusa porque desmienten lo que con tanto esmero se crea en las mentes débiles, sobre todo de los propios rusos. Por ejemplo, los últimos estudios sobre la libertad económica y sobre la percepción de la corrupción, realizados por *The Heritage Foundation* y por *Transparency International* respectivamente, ubican Rusia entre los estados más fallidos en las áreas indicadas. En ambos casos Guatemala está mejor evaluada que el país asiático: en el lugar 139 (de 171) en el primer índice, siendo "economía controlada" (¿por Putin y sus allegados?), mientras Guatemala está en el puesto 85, economía moderadamente libre.

En el segundo ranking Rusia está en el lugar 127 de 177, siendo uno de los países más corruptos del mundo. Y todo eso a pesar de tener el PIB entre los más altos del mundo. A decir de Guatemala, tampoco está muy bien, en el escalón 123, sin embargo, no presume ser "país del primer mundo" y trata de mejorar su situación.

Otro estudio que hay que tomar en cuenta para "hacer amistades" geopolíticas y de inversión es el Índice Global de la Paz (*Global Peace Index*). Según la organización *Vision of Humanity*, que realiza y distribuye esta investigación, Rusia resulta ser uno de los estados menos pacíficos en el mundo (lugar 152 de 162), justo antes de Corea del Norte y a la par de tan "distinguidos" países como Íraq, Afganistán, Pakistán, Sudán o República Centroafricana. Guatemala, por cierto, con su lugar 115, no está dentro de los "menos pacíficos", aunque hay mucho qué mejorar.

Así, se puede tomar al azar cualquier índice universalmente reconocido – lo que hice – para ver con qué tipo de estado quieren algunos que se asocie Guatemala. Lamentablemente, Guatemala no está en situación geopolítica para poder ser totalmente independiente. Pero tanto el gobierno como los empresarios deben tomar las decisiones con beneficios a largo plazo y enfocar sus esfuerzos en atraer inversiones no de los países inestables e impredecibles, como Rusia, sino hacer alianzas con las economías sólidas de los estados donde reina el Derecho (Finlandia, Japón, Canadá, Australia y otros). Al fin y al cabo, los que ganarían de estas alianzas son los guatemaltecos.

Como no conozco personalmente a ninguno de los columnistas que escribieron los mensajes publicitarios mencionados al principio, no me consta por qué razón lo hacen. No obstante, no me cabe la menor duda que su sincronismo y el estilo melifluo son consecuencia de una manipulación propia de Kremlin y de sus lacayos, encabezados por el jefe de la propaganda Serguei Lavrov, que se recrudece durante los conflictos que Rusia suele tener cada cierto tiempo con el mundo civilizado.

EL ASCENSO DE UN DICTADOR

En 1996, época turbulenta de la historia de la Rusia postsoviética, en la escena política local aparece un hombrecillo de apariencia insignificante que, gracias a sus relaciones personales, ocupa el cargo de vicegerente de la Presidencia de Rusia (se ocupa de suministros).

En 1998 este personaje se convierte en el vicejefe de la Administración del presidente de donde, en 1998, pasa a ser director del Servicio Federal de Seguridad (ex-KGB). Se trata de Vladimir Putin, quien en diciembre próximo "celebrará" 15 años al mando del país más grande del mundo.

Durante todos los cargos previos a la presidencia Putin permanecía fuera del foco público y el pueblo ni siquiera sabía de su existencia. Los medios de comunicación no le dedicaban ninguna atención, en parte debido a la difícil situación económica del país en aquella época, y en parte debido a los escándalos públicos y la guerra en Chechenia.

Finalmente, en 1999, para sorpresa de los ciudadanos rusos, el entonces presidente ruso Boris Yeltsin nombra a Putin el Primer Ministro, cargo que lo hará saltar hacia el puesto máximo después de la renuncia de Yeltsin. Ahí comienza la así llamada "era de Putin" en la historia contemporánea rusa y universal. Como herencia de su antecesor, Putin recibe un país dividido como nunca, tanto a nivel político como económico.

A todo ello se le añaden las ideas separatistas de las repúblicas caucásicas, urálicas y siberianas, donde la población en su mayoría pertenece a otras etnias, distintas a la rusa. Las políticas económicas postsoviéticas ("economía de mercado") del presidente Yeltsin y de sus asesores no habían obtenido los resultados esperados debido a la tradicional burocracia y la política económica de privatización realizada a medias, la economía se seguía sumergiendo en un caos de incompetencia absoluta, de la mafiosidad de las absurdamente grandes estructuras estatales, etc.

Ya en el poder, Putin ("el gobierno") comienza a apropiarse de las empresas importantes, el gobierno, por ende, logró recaudar más ganancias financieras para mantenerse y para compartir, en el grado mínimo, con el pueblo: se construyeron algunas carreteras, se subió el sueldo mínimo y las pensiones, etc.; en pocas palabras, se contentó al pueblo, aunque el pueblo ni se dio cuenta de que le subieron impuestos y los precios subieron mucho más que los sueldos. A mediados de los años dos mil sorpresivamente crecieron los precios del petróleo, del gas y de otras materias primas, productos más importantes del subsuelo del país. Esto ayudó a pagar una gran parte de la deuda nacional y exterior y a convencer al pueblo de que existe el bienestar que cayó sobre Rusia gracias a los logros personales del señor presidente.

Incluso de los fracasos de la política interna del país el gobierno sacó tanto provechó como pudo, gracias al dominio de la información pública. Ni los ataques terroristas con explosivos a las casas-condominios en Moscú, ni el trágico final del submarino Kursk en el que murieron muy lentamente, sin que la ayuda nunca llegara, 118 marinos, en su mayoría muchachos jóvenes, ni la toma de rehenes por los rebeldes chechenos en un teatro de Moscú en 2002 y su fallida "liberación" por parte de la fuerza estatal (donde perecieron 67 personas que asistían a un musical), ni la toma de la escuela en Beslán en 2004, donde murieron, por culpa del ejército que los trataba de "liberar", más de 330 rehenes, casi todos menores de edad, nada de esto cambió la opinión del pueblo sobre su nuevo gobernante.

Los romanos tenían la razón al decir que el pueblo para ser feliz sólo necesita pan y circo. La participación del pueblo en todas las elecciones ha sido muy elevada, inclusive en las elecciones a la Duma Estatal en diciembre del 2007 hubo hasta 105% de votantes, es absurdo, pero así es. Ganó, por supuesto, el partido del "líder" – Rusia Unida, apodado entre la gente como "partido de los ruines y de los ladrones" ...

Desde el 1999, año cuando Boris Yeltsin renuncia a la presidencia de Rusia y la "hereda" Putin, este viene aniquilando las bases republicanas del gobierno. Y qué ironía: el país cuyo nombre oficial es Federación de Rusia de federación no tiene absolutamente nada. La división de los poderes a estas alturas es inexistente en Rusia. Tanto los jueces, como los diputados del parlamento (la Duma Estatal) y los senadores (el Consejo de la Federación) se han convertido en los lacayos del popularmente apodado "enano malvado". Ya ni hablar del gobierno con los ministros. El ejemplo claro es el ministro de relaciones exteriores Serguei Lavrov, cuya manera histérica de "poner en su lugar" a los que no están de acuerdo con lo que dice su patrón es legendaria en el mundo. Putin, este personaje de la misma estatura que Hitler y Stalin y, como él mismo ha manifestado más de una vez, seguidor de este último en la política, ha traspasado la delgada línea entre el autoritarismo y el totalitarismo. De hecho, está en la recta final para llegar a este punto de la dictadura, "apoyado por la mayoría". El populismo, la manipulación de las mentes débiles de sus súbditos y las desmedidas ansias de lo que él llama "restablecer el poderío de Rusia en el mundo", pero que en realidad es su aspiración enfermiza al poder absoluto, todo ello ha hecho su efecto.

Cada mañana la hojeada de la prensa rusa, controlada en gran medida por el gobierno (los últimos dos años han cerrado los últimos 4 medios de comunicación independientes en el país), podría convertirse en un reto para la psiquiatría moderna.

Por un lado, es un *déjà vu* de la prensa soviética de hace 30 años ("somos el mejor país del mundo, liderado por el mejor jefe que haya habido en la faz de la tierra", "estamos rodeados de los enemigos conocidos, desconocidos y por conocer", "el mundo está lleno de nazis, fascistas, rusófobos, judíos, yanquis y homosexuales" y todos los anteriores "pagados por el Departamento de Estado") y por el otro, las mentiras más burdas con las que alimentan a los rusos convertidos en ciegosordomudos ("no hay ejército ruso en Ucrania", "Ucrania es un país creado por Lenin gracias a nosotros por eso nos deben", "los EE. UU. y la UE imponen sanciones a todos los ciudadanos de Rusia", "los que toman rehenes en el Sur de Ucrania son manifestantes pacíficos", "los EE. UU. persiguen a los ciudadanos rusos en el exterior y los encarcelan en los EE. UU.", "somos el país más importante del mundo", "el lobby judío...", "el lobby homosexual...", "el lobby neoliberal..." etc.). Las noticias diarias sobre las nuevas leyes aprobadas por el parlamento es otro caso digno de ser estudiado por los especialistas en salud mental. Literalmente cada día se aprueba una nueva ley o decreto que prohíbe...

La propaganda homosexual, la adopción de los huérfanos por los extranjeros, la difusión de las culturas ajenas a la rusa, la salida al extranjero a los "morosos", los viajes al extranjero a los policías, la desobediencia a las autoridades, realizar manifestaciones, la crítica a la religión, la crítica al gobierno (eso se llama en Rusia "extremismo" por lo que los jueces-lacayos han encarcelado en los últimos dos años a más de 100 personas). Las leyes que obligan, leyes, leyes y más leyes.

Como cualquier dictadura, el régimen putinista se defiende de sus propios ciudadanos en lugar de defenderlos y el país se ha transformado en un estado de las prohibiciones. Y qué decir de la violencia: según el índice de asesinatos (de 10 a 15 por cada 100 mil habitantes, dependiendo de la fuente de la información) Rusia es el país más peligroso en Europa y uno de los más peligrosos en Asia.

La situación económica del país es más que lamentable. Lo poco que queda de la economía se basa únicamente en la industria extractiva. El aparato burocrático y, por ende, la corrupción, crecieron dos veces en los 14 años. De los 140 millones de habitantes, 40 millones trabajan para el estado y perciben sueldos del presupuesto estatal y 40 millones son jubilados con las pensiones pagadas por el estado. Con todo ello tanto la educación como la medicina son estatales sin inversión ni modernización y es casi imposible abrir una clínica o una escuela privadas. Y un dato más: una de las últimas prohibiciones legales se refiere a la importación de los equipos médicos. Y esto en un país que no puede producir ni siquiera jeringas suficientes para los hospitales.

En comparación con Rusia, la mayoría de los países latinoamericanos, a excepción de Venezuela, Argentina, Ecuador y Nicaragua, son un paraíso de la libertad política y económica.

EL TIRO POR LA CULATA

Al autoritario presidente ruso Putin los últimos años le está saliendo el tiro por la culata. Después de la ocupación militar y anexión ilegal de la península ucraniana de Crimea en 2014, el ego de este político más nefasto de la historia de Rusia de los últimos 25 años se le está desinflando. O, mejor dicho, se lo están desinflando.

Putin y su ministro de relaciones exteriores – que se ha convertido en el de propaganda más burda – no han conseguido convencer al mundo del "derecho legítimo" de la anexión de un territorio extranjero. Ni siquiera el aliado más cercano de Rusia – China – ha reconocido la legalidad de esta anexión.

Desde el marzo del 2014 la prensa rusa, casi en su totalidad convertida en el órgano de esta propaganda putinista, no había parado de mencionar de las míticas inversiones que China estaría dispuesta a realizar en Crimea, en su infraestructura dañada por la anexión y, principalmente, en la construcción de un puente desde la costa rusa del mar Negro hasta Crimea. Sin embargo, Putin en su último viaje a China no pudo conseguir estas inversiones. Las acciones de los terroristas, enviados y apoyados por Kremlin, en el sudeste de Ucrania – en las regiones obreras-proletarias de Donetsk y Luhansk – se basan en el terror que imponen a la población y asesinatos de los defensores de su patria, Ucrania, y han desatado una ola de secuestros de los periodistas, políticos, empresarios, observadores de la OSCE (Organización para la Seguridad y la Cooperación en Europa) y otras personas. El pseudo-referéndum sobre la independencia de estas regiones, organizado por los terroristas impostores autoproclamados "gobiernos de Donetsk y Luhansk" tampoco ha podido convencer al mundo de la legitimidad de los actos de Putin y de su camarilla.

Eso sí, entre los rusos Putin ha llegado a tener los índices de popularidad por las nubes: hasta el 89%. Esto demuestra, en primer lugar, la incapacidad completa de la gente (o, en este caso, de rebaño) de razonar, y, en segundo lugar, los niveles de populismo y demagogia putinista. Además, cabe recordar, que desde el marzo pasado el gobierno de Putin ha logrado clausurar prácticamente todos los medios de comunicación opositores y está intentando callar hasta los medios electrónicos, como, por ejemplo, blogs, twitter y otros, con constantes amenazas de su cierre o de su prohibición bajo pretexto de no cumplir las leyes que muy a medida aprueba el parlamento a diario. En el propio parlamento los diputados están exigiendo el antejuicio contra dos de ellos (de los 450) que se opusieron a la anexión de Crimea, tildándolos de "traidores de la patria", "vendidos al occidente" y "pagados por los EE. UU.". Todo este acoso llega a tales niveles, que ya es habitual ver enormes rótulos propagandísticos en las calles de las ciudades con las imágenes caricaturescas e insultantes de los líderes de la oposición y de los inconformes con la política goebbeliana de Putin – entre ellos, además de los políticos, son muchos actores, cantantes, escritores y otros intelectuales. Se despide y se persigue a los académicos universitarios que no caen en las garras de la propaganda. Se publican los abecedarios para la primaria con los dibujos "patrióticos" y mofas contra la oposición. En fin, de por si la mala educación rusa se ha vuelto a convertir en el lavado del cerebro y adoctrinamiento de la gente.

Muchos en el mundo se preguntan: ¿cómo es posible que Putin se ha convertido en el mejor discípulo de Hitler? ¿Cómo ha llegado hasta allí sin que nadie lo parara? Y la respuesta es muy simple e incómoda para muchos. La culpa es de los líderes mundiales (entre ellos los últimos presidentes de los EE. UU. y jefes de estado de la UE) quienes no atendieron el llamado de Estonia, de Georgia y de algunos rusos que desde hace años estaban advirtiendo del peligro que corre el mundo al apoyar a este energúmeno. El no expulsar a Rusia –país del tercer mundo - del G8 en el 2001, el reírse de las incoherencias que dice este politiquero, el apretarle la mano y darle el aliento en su "lucha contra el terrorismo" y el estar callados durante el ataque a Georgia han creado a este espantajo.

Ahora los países desarrollados van imponiendo las sanciones no solo a los amigos-financistas y allegados de Putin, sino a toda la frágil economía rusa que está en manos del círculo del ilegítimo presidente para parar la política fascista de Kremlin y sus constantes incumplimientos de los tratados internacionales y de las normas de convivencia pacífica.

La crisis en Ucrania

En noviembre del 2013, después de varios meses de preparativos para la firma del Acuerdo de Asociación entre la Unión Europea y Ucrania, el entonces presidente de esta última, Víktor Yanukovich cede a las presiones del Kremlin y personalmente de Vladímir Putin, el líder con características autoritarias de la vecina Rusia, y rehúsa a firmar dicho Acuerdo.

Claro está, a cambio de no firmar la asociación, Yanukovich se lleva desde Moscú una cuantiosa cantidad del crédito otorgado a Ucrania por el gobierno de Putin. Con esto Kremlin cree ganar la batalla con la EU por Ucrania e insiste en que esta firme un acuerdo con la Unión Aduanera formada por Rusia, Bielorrusia y Kazajistán, tres estados con gobiernos autoritarios (el de Lukashenko en Bielorrusia con tendencia a la dictadura).

Los ucranianos inconformes con esta decisión de su presidente se reúnen en la Plaza de la Independencia en el corazón de la capital, Kiev, el día de la reunión de los jefes de estado de la UE en Vilna el 29 de noviembre y exigen a Yanukovich que firme el acuerdo con Europa. El presidente hace caso omiso.

Así, ese día comienza la revuelta popular ucraniana que, posteriormente, en febrero último, se convierte en la revolución y destituye al presidente Yanukovich quien, tras varios intentos fallidos de escapar vía aérea de Ucrania, huye por tierra a Rusia, dejando el vacío en el poder. Su gobierno había renunciado unos días antes.

De esta manera, el 23 de febrero del 2014 la Rada ucraniana (el parlamento) asume las funciones presidenciales y su primera acción es nombrar al presidente interino (por Constitución, le cae este cargo al presidente del parlamento), al Gabinete provisional y aprueba una serie de leyes entre las que se destaca la derogación de los artículos del Código Penal, según los cuales la ex Primera Ministra Julia Timoshenko fue encarcelada en 2011 como venganza cuando opositor Yanukovich llegó al poder. Asimismo, el Parlamento regresa la Constitución del 2004, que fue modificada con graves violaciones a la ley en 2010 por el parlamento con la mayoría de los diputados del partido del presidente Yanukovich, y según estas modificaciones el sistema parlamentario se transforma en el presidencialista, otorgando amplios poderes al presidente.

Los países desarrollados, entre ellos los EE. UU., la UE, Japón y Canadá de inmediato reconocen el triunfo de la revolución y ofrecen ayuda financiera y humanitaria a Ucrania (el día de la huida de Yanukovich, el presidente interino anunció que las arcas del Estado estaban vacías). Sin embargo, Rusia no reconoce al Gobierno Provisional, le da asilo a Yanukovich y sigue una propaganda mediática exagerada que inicia en noviembre del 2013, utilizando la retórica manipulativa propia de Putin: a los que participaron en la revolución los llama "pagados por el Departamento de Estado de EE. UU."; a los líderes de la oposición que llegó al gobierno los tilda de "neonazis de la extrema derecha"; acusa a los EE. UU., la UE y al Occidente en general de haber organizado la revuelta, de financiarla y de querer seguir desestabilizando la situación para "imponer un golpe de estado en Rusia".

Con todo ello, Putin utiliza las mismas mentiras probadas en 2008 contra Georgia, al anunciar que los ciudadanos rusohablantes de Ucrania son ampliamente marginados y perseguidos por el nuevo gobierno "fascista" (en un país donde casi la mitad de la población es rusohablante), le ordena al Servicio de Migración otorgar los pasaporte ruso a todos los ucranianos que lo deseen, inventa las cifras de los "refugiados" que "huyen de las regiones de la mayoría rusa de Ucrania", y llega a hablar de las míticas represalias y muertes de los rusos étnicos en la República Autónoma de Crimea, la única región autónoma de Ucrania.

En realidad, todo ello no tiene sentido ya que se trata de una península habitada en su mayoría por los rusos y donde no se ha producido hasta ahora ni una sola muerte de los civiles por persecución política. Al ser descubierto con estas mentiras, Putin, como le es habitual, se justifica diciendo que "no lo entendieron" y que él "describió solamente las posibles consecuencias".

En Rusia, un país con los medios de comunicación controlados por el Estado, la manipulación logra su objetivo. El Consejo de la Federación, cámara alta del parlamento, el 1 de marzo le otorga a Putin el poder de la intervención militar en Crimea y en Ucrania, bajo el pretexto de la solicitud hecha por Víctor Yanukovich.

Unos días antes, aplicando las mismas tácticas que había utilizado Hitler en Checoslovaquia en 1938 y en Austria en 1939, Putin envía a Crimea a unos hombres uniformados sin identificación donde ellos ocupan violentamente las bases militares ucranianas y el parlamento local y obligan a los diputados del a elegir a un nuevo primer ministro indicado por Rusia.

Entretanto, la prensa rusa y Putin repiten las mentiras sobre las provocaciones de Ucrania en Crimea e indican que los hombres armados no identificados son incitadores ucranianos. Todo ello, según Putin, le permite usar la intervención militar con el objetivo de defender a los rusos que residen en Ucrania.

Desde el momento de todos estos sucesos la reacción de los distintos países del mundo y de la ONU no se hicieron esperar. Fue convocado de urgencia el Consejo de Seguridad de la ONU en el que el embajador ruso se puso histérico al oír la versión ucraniana de los hechos y reaccionó con las mismas manipulaciones de Putin; los presidentes de los EE. UU., de la República Checa, la canciller de Alemania, entre otros, se comunicaron con Putin expresándole que sus respectivos gobiernos apoyan y apoyarían Ucrania e impondrían fuertes sanciones económicas a Rusia.

La UE canceló las negociaciones de supresión de visado con Rusia y comenzó a imponer las sanciones económicas, mientras que el presidente Obama le avisó a Putin sobre los pasos que seguiría su país para castigar a Rusia si no se retiraban las tropas rusas desde Crimea y si Rusia no dejaba de instigar a los habitantes de Crimea a votar a favor de la inconstitucional separación de Ucrania para formar parte de Rusia en el referendo del 30 de marzo del 2014.

Todas estas declaraciones y la retirada de los países del G7 de los preparativos de su reunión en Rusia en junio provocaron la caída de las acciones de las empresas más importantes de Rusia, el precio del rublo cayó significativamente en los últimos dos años y se cundió el pánico financiero en las bolsas rusas.

El 3 de marzo del 2014, Putin, al comprender que, vulgarmente hablando, había metido la pata, convocó una conferencia de prensa en la que comunicó que había ordenado el regreso desde Ucrania de la tropa que, según él, participaba en los ensayos habituales, y, entre otras cosas, anunció que Rusia no pretendía anexar Crimea ni tenía ningún interés en ello. Como dice el dicho, tapó el sol con un dedo...

A cinco días del ilegal e ilegítimo referéndum en Crimea en el que los habitantes de esta península ucraniana votaron a favor de su anexión a Rusia, el Kremlin con Putin a la cabeza estaba tratando de reforzar su propaganda, basada en las constantes mentiras, tanto dentro de su propio país, a través de los medios de comunicación manipulativa; como en el mundo, por medio de su canal de TV internacional, donde la palabra "verdad" se ha convertido en un sarcasmo.

Desde que Crimea ucraniana fue invadida por la tropa rusa, enmascarada como "hombres no identificados", Putin evita recordar que Rusia había firmado dos tratados internacionales en los que reconoció las fronteras de Ucrania y su plena soberanía. En 1994 Ucrania por un lado y Rusia, Gran Bretaña y los EE. UU. por el otro firmaron el Memorando de Budapest en el que se establecen los principios del respeto de la soberanía de Ucrania y principio de no usar nunca las armas contra este país. Más tarde, en 1997, entre los dos países exsoviéticos se firma el Acuerdo sobre las bases navales en Crimea. En este Acuerdo Ucrania cede el alquiler del puerto militar de Sevastópolis y reconoce la soberanía de Ucrania sobre Crimea. Cabe destacar que Ucrania siempre ha respetado las condiciones de ambos documentos, aunque no ha ratificado el primer Acuerdo por las disputas políticas internas.

Sin embargo, Kremlin, a pesar de sus obligaciones adquiridas, ha incumplido varias veces los acuerdos mencionados. Desde que Putin se instala en el gobierno, la flota rusa en Crimea viene aumentándose sin el consentimiento de Ucrania, violando así las condiciones establecidas. Desde que comenzó la esquizofrenia nacionalista en Crimea, coordinada, pagada y mantenida por Moscú, Rusia ha ocupado y ha secuestrado aeropuertos, instalaciones comerciales estratégicas, las bases militares y navales ucranianas, lo que contraviene a los acuerdos internacionales firmados. El legítimo gobierno de Ucrania, al igual que los gobiernos alemán, estadounidense, francés y otros, ha exigido a Moscú una rectificación oficial en la que reconociera la presencia o ausencia de las tropas del ejército rusas en Crimea. Putin y su histérico ministro de relaciones exteriores hasta ahora no se han pronunciado oficialmente, ¿Por qué será?

No obstante, distintos politiqueros rusos diariamente emitían comunicados en la televisión rusa rechazando la presencia militar en Crimea. En las redes sociales rusas los soldados "no identificados" eran identificados plenamente y hasta se pudo comprobar que la tropa que actuó en Crimea como "autodefensa prorrusa" sin insignias en los uniformes y sin placas en los carros militares era, en realidad, la 810ª Brigada de la Infantería Naval de las Fuerzas Armadas Rusas, la misma que atacó a Georgia en el 2008.

Otra aberración que se presenta como la causa de la "ayuda" rusa a los terroristas legalizados de Crimea (léase, el gobierno recién designado por Kremlin) es la idea sobre "la defensa de los rusos en la península". Esta idea es tan absurda como carente de la base jurídica.

La población de Crimea, aunque étnicamente en su mayoría es rusa, pero son ciudadanos ucranianos con pasaportes ucranianos.

¿Quién puede discriminar una etnia que constituye más del 90% de la población? Lo que la prensa putinista oculta es que las fuerzas invasoras rusas en la península sí hostigan a los crimeanos inconformes con la presencia militar extranjera. Entre ellos se destaca la minoría étnica compuesta por los tártaros crimeanos, pueblo autóctono de la península que sufrió más que muchos las atrocidades de Stalin en los años 40 del siglo pasado. Al igual que los estonios, los lituanos, los chechenos, los alemanes rusos del Volga, los carelios y otros pueblos, fueron deportados de sus tierras a las estepas de Kazajistán o a Siberia por Stalin. De allí el rechazo de cualquier tipo de agresión rusa por la mayoría de los representantes de estos pueblos.

Rusia, encabezada por un gobierno autoritario, una vez más está confirmando su política exterior salvaje, irrespeto constante al derecho internacional y a la soberanía de los estados independientes. Todo ello acompañado por una propaganda goebbeliana y por una política nazi feroz que consiste en el apoyo financiero e ideológico a los subversivos de los países vecinos. Si el mundo siguiera la lógica (o, mejor dicho, su completa ausencia) del Kremlin, entonces China o México tendrían derechos de invadir y anexar Siberia o los EE. UU. donde viven los ciudadanos chinos y mexicanos respectivamente que constantemente son sometidos a los abusos y violaciones de sus derechos por parte de los gobiernos ruso y estadounidense.

DIME DE QUÉ ACUSAS Y TE DIRÉ QUIÉN ERES

Desde el 2014 en la prensa internacional se ha hablado hasta el cansancio del tema de la geopolítica en el caso de la crisis en Ucrania. Los sucesos del nuevo siglo permiten deducir que los estados verdaderamente fuertes no necesitan de una expansión (léase, del imperialismo), sino su función se limita por la seguridad de sus propios ciudadanos, más que nada a través de las libertades individuales. Los países como Suiza, Austria, Estonia, Singapur, Nueva Zelanda, por mencionar solo algunos, no pretenden a expandirse a costa de la seguridad de los ciudadanos de los estados vecinos ni por medio de su expansión militarista. Y siguen siendo estados universalmente respetados.

En cambio, los estados guiados por ambiciones políticas personales de sus dirigentes autoritarios que aspiran imponer su mítico poderío por encima de los intereses de sus ciudadanos van rumbo al fracaso. Tal es el caso de Rusia, un estado fallido, sumido en una profunda crisis social, con una economía inestable y dependiente de los precios del petróleo, plagado de corrupción y con la ausencia de las libertades individuales, entre otros problemas. Para desviar la atención de los rusos de estos problemas internos, el gobierno crea problemas mucho más grandes, pero en el ámbito geopolítico. Ese año fue significativo por la situación que vive Ucrania. Lo que sucede desde entonces en este país centroeuropeo es producto de las ambiciones desmedidas del gobierno de Rusia y de su presidente.

El 16 de marzo de 2014 en la región ucraniana de Crimea se realizó el ilegal e ilegítimo referendo, patrocinado y realizado por Kremlin, en el que la mayoría de los asistentes votaron a favor de la anexión de la península a Rusia. Dado que tanto en las últimas elecciones en la propia Rusia como en este referendo en algunos lugares la participación superó el 100% (en la ciudad de Sevastópolis de los 383 mil habitantes, incluyendo a los menores de edad, participaron en el plebiscito 474 mil, lo que significó el 123% de la población), y tomando en cuenta la rapidez con la que se contabilizaron más de un millón y medio de votos (en menos de tres horas), era de esperarse el resultado. Lo que sorprende es la modestia de los políticos arteros de Kremlin que "contaron" solo el 96,6% de los crimeanos que "clamaron por la justicia histórica y social". Lo habitual hubieran sido mínimo el cien por ciento.

Ninguna organización internacional envió a sus observadores a este circo politiquero. A pesar de todo ello, la prensa rusa, controlada por el gobierno, reporta el 90% de asistencia a la votación, mientras que los observadores independientes aseguran que no más del 40% de los crimeanos asistió a las urnas.

Los tártaros crimeanos, de la etnia autóctona de la región, históricamente inconformes con la política rusa, aseguran que en su abrumadora mayoría ignoraron el referendo y los datos de los analistas independientes confirman esta decisión. En la ciudad de Bajchisaray, localidad predominantemente tártara, la participación de los lugareños no superó los 30%, mientras que los datos oficiales aseguran que fueron el 64%.

Como sea la estadística, pero el hecho de tanta discrepancia en los resultados, la rapidez con la que se realizó la consulta, movida del 30 al 16 de marzo, y el corto tiempo para el cómputo de los votos, confirman la ilegitimidad de este mamarracho político.

A pesar de que la anunciada "independencia" y la posterior "integración" de Crimea en Rusia no se han reconocido por ningún país del mundo, el 18 de marzo, en Kremlin el presidente Putin firmó el "acuerdo" con Crimea y lanzó unos insultos y amenazas contra los países occidentales. Por enésima vez repitió la mentira en la que él mismo ya empieza a creer: Rusia actúa en Ucrania y en Crimea de manera legal, defendiendo a su población de los "neonazis, fascistas e hitlerianos".

Al mismo tiempo, llamó "traidores, pagados por el Occidente" y "lambiscones del nacismo" a los rusos que no apoyan su decisión de la intervención en el país vecino. Con todo ello este presidente está evidenciando una vez más sus ansias dictatoriales. De verdad, dime de qué acusas y te diré quién eres. En lo único, quizá, tiene razón este personaje: la abrumadora mayoría de los ciudadanos rusos lo apoyan. Es demás recordar que Hitler en el 1939 tenía apoyo del 95% de los alemanes.

Es curioso cómo Putin, este hombrecillo gris convertido en un "líder", ha logrado perpetuarse en el poder manipulando a tanta gente. Él mismo y sus asesores suelen aprovechar las características propias del pueblo de Rusia para ganar sus simpatías.

Desgraciadamente, muchos siglos de servidumbre y de esclavitud (en todos los sentidos de la palabra) han convertido el pueblo en una masa incapaz de tomar sus propias decisiones y de pensar por sí misma. Esta capacidad le confirió tanto poder a Putin que se convirtió en la obsesión de mucha gente.

Lo primero que hizo al llegar una vez al poder fue comenzar a dominar los medios de comunicación y a los periodistas a través de los procesos judiciales en contra de los dueños de la prensa opositora y por vía de las leyes hechas a su medida. En Europa ya apodaron Rusia "el país de las prohibiciones". La semana pasada, por ejemplo, el gobierno cerró tres medios de comunicación electrónicos (dos periódicos y un blog) que no seguían la línea política oficial, lo que en Rusia se llama ahora "el extremismo".

Las confrontaciones con los países vecinos (Georgia, Estonia, Letonia, Ucrania, etc.) también fueron aprovechadas, pero en este caso para elevar la autoestima nacional. En una conferencia de prensa Putin igualó el pueblo ruso con el soviético y lo vanaglorió como el pueblo libertador de Europa y del mundo, aludiendo a la Segunda Guerra Mundial, y abiertamente amenazó a cualquier país que no reconociera estos méritos cerrarle el flujo del gas natural.

La táctica fue aprobada por los rusos en múltiples ocasiones y Europa Occidental tuvo que tragar esta amenaza después de dos cierres de gaseoducto ruso. Esto sin mencionar las leyes que prohíben cuestionar "el papel histórico" del pueblo de Rusia en el siglo XX.

Con todo esto a través de las confrontaciones con la Unión Europea y los EE. UU. fue creada la figura del enemigo acérrimo del país. La constante desfederalización del sistema político por medio del nombramiento de los gobernadores de todas las provincias por el presidente, la presentación de la oposición como delincuencia común y como perturbadores del orden público, la idealización del "líder" a través de la creación de las organizaciones políticas juveniles e infantiles, todo esto permite anunciar el fin de las libertades en el país.

En varias ocasiones tanto el propio Putin como muchos de los rusos, al mencionar la falta de libertades, han alegado diciendo que Rusia no necesita ni quiere estas libertades "occidentales" sino que le conviene "una mano dura" como la que tiene el presidente.

El discurso con motivo de la anexión de Crimea, que Putin pronunció en Kremlin ante una multitud, fue interrumpido 33 de veces para los "efusivos aplausos" al mejor estilo de los discursos de Hitler, Mussolini, Stalin, Kim Il Sung, Castro y Chávez. Desde las épocas de antaño cada dictador se ha guiado por el lema de Luis XIV: el estado soy yo. Parece que en el siglo XXI aún persisten estos atavismos políticos representados por el mencionado Putin, por Maduro, Lukashenko y una decena más.

EL VUELO MH17 Y EL PELIGRO DE PUTIN PARA EL MUNDO CIVILIZADO

En julio del 2014 el mundo se volvió a estremecer por otro acto terrorista perverso y aberrante. El derribo del avión malasio que cubría la ruta MH17 de Ámsterdam a Kuala Lumpur y los eventos posteriores siguen mostrando la verdadera cara del terrorismo ruso y de su adalid Vladimir Putin.

Ahora ya se sabe que de los 298 ocupantes del avión derribado 154 eran holandeses, 26 australianos, 23 malasios, 12 indonesios, 9 británicos, 4 alemanes, 4 belgas, tres filipinos, un canadiense y un neozelandés. Los datos del resto de los pasajeros aún se desconocen. 80 perecidos son menores de edad. Y según la prensa australiana, hay varias familias enteras que tenían la desgracia de haber subido a este avión.

Es sumamente importante el hecho de que de los casi 300 asesinados por el misil ruso, 100 eran médicos que se dirigían a la ciudad australiana de Melbourne al XX Congreso Internacional de la Lucha Contra el VIH/SIDA, organizado por la Organización Mundial de la Salud (OMS). Entre los médicos se encontraban algunos científicos de talla mundial que se dedicaban a la búsqueda de la cura contra el SIDA, como, por ejemplo, el doctor holandés Joep Langa; además, fueron identificados el famoso periodista Glenn Thomas, quien últimamente trabajaba en la OMS, el senador holandés Willem Witteween con su familia. Entre otros pasajeros se menciona a la abuela del primer ministro malasio, algunas monjas y varios turistas que iban a pasar las vacaciones en el Sudeste Asiáticos.

Todos ellos tuvieron que pagar con su vida la ineptitud del mundo occidental que no supo frenar a tiempo las desmedidas ambiciones criminales del ilegítimo presidente ruso Putin. Desde las 4 de la tarde de aquel día, hora de Kiev, cuando la noticia del siniestro se conoció por el mundo, los impostores rusos de las organizaciones terroristas "República Popular de Donetsk" y "República Popular de Luhansk" - a los que la prensa rusa llama "insurgentes ucranianos" - que mantienen aterrorizado el este de Ucrania donde cayó el avión, comenzaron a culpar al ejército ucraniano y al gobierno de Kiev de derribar el aparato malasio.

Hasta ahora la prensa rusa, controlada por el gobierno casi en su totalidad, sigue mintiendo a los rusos con los títulos de sus noticias poniendo "accidente provocado por el ejército ucraniano". Nada nuevo en esta manipulación tomando en cuenta que la propaganda dentro de Rusia es una de las máquinas políticas putinistas más poderosas.

Sin embargo y por cuestiones obvias, los medios de la propaganda rusa prefirieron hacerse los locos y de un día para el otro olvidaron que dos horas antes de la noticia internacional sobre el ataque terrorista hacia el avión, ellos mismos copiaron de una red social, de la cuenta del dirigente de los terroristas quien, prematuramente y de manera más subnormal, alardeaba haber derribado un avión militar ucraniano. En el mismo momento y en el mismo lugar donde cayó el avión de pasajeros malasio.

Incluso, el retrógrada puso una foto que ahora sale en los medios de comunicación como la foto de la caída del derribado avión de pasajeros. Precisamente a las 4 y media de la tarde los terroristas del este de Ucrania y la prensa rusa se apresuraron a borrar este mensaje y la noticia, pero cientos de usuarios rusos y ucranianos la guardaron.

El gobierno de Ucrania antes de conocerse el crimen de los terroristas rusos en el cielo de Donetsk comunicó que aquel día ningún avión militar suyo no solo no fue derribado, sino que no había despegado de ningún aeródromo. Los mismos terroristas el 29 de junio regaron por internet la noticia con una foto de su nueva "adquisición": el sistema de misiles antiaéreos Buk capaz de alcanzar las alturas de 14 kilómetros. A nadie le cupo ninguna duda la procedencia de este sistema.

Además, en la mañana del mismo día del ataque terrorista, los habitantes de varias localidades de Donetsk, ocupadas por los impostores autoproclamados "gobierno popular", publicaron en sus redes sociales la información de que los terroristas llevaban por las calles y las carreteras este sistema.

Unos días antes los habitantes de estas mismas localidades avisaban de que los terroristas llevaban el sistema hacia la frontera con Rusia. Putin, quien a la misma hora del derribo del avión malasio regresaba de su viaje a la reunión del BRICS en Brasil y en aquel momento volaba sobre Polonia, de inmediato acusó al gobierno de Ucrania del crimen sangriento. No obstante, no encontró ningún apoyo en el mundo civilizado.

Gran Bretaña convocó el Consejo de Seguridad de la ONU en el que el viernes, los EE. UU. anunciaron que los satélites estadounidenses registraron el lugar desde el que se lanzó el misil – exactamente el mismo territorio del que alardeó el líder de los terroristas en Ucrania el día anterior y lo que borró de su red social después.

A su vez, Ucrania presentó las conversaciones telefónicas interceptadas en las que los terroristas deciden qué hacer con más de doscientos cuerpos que cayeron del cielo después de derribar un avión.

El 18 de julio del 2014 el Consejo de Seguridad, convocado a petición de Gran Bretaña, advirtió a Rusia y a su ilegítimo presidente Vladimir Putin sobre las consecuencias negativas para su país en el caso de que el Kremlin y Putin personalmente continuaran obstaculizando las investigaciones sobre el derribo del Boeing malasio. Asimismo, el 21 de julio, el Consejo de Seguridad se volvió a reunir para aprobar una resolución final sobre el caso del avión derribado.

Entre las dos reuniones del Consejo, los medios de comunicación propagandística rusa intensificaron la manipulación que suelen ejercer sobre los ciudadanos de aquel país y de sus aliados. Sin embargo, resultó evidente la incomodidad de Putin ante todo lo ocurrido y bajo las presiones internacionales. Diariamente Putin, en las conversaciones telefónicas con los líderes mundiales, sostenía que Rusia no pretendía apropiarse de las así llamadas cajas negras del aparato siniestrado ni iba a entrometerse en la investigación internacional.

El día 20 de julio, por la madrugada, unas horas antes de la segunda reunión del Consejo de Seguridad, Putin, visiblemente nervioso, se dirigió por televisión a los rusos – aunque más parecía que se dirigía a Obama, Abbot y Cameron que acusan a Rusia directamente – pero ya no culpó a Ucrania de derribar el avión. De manera más prudente, se comprometió a colaborar con el rescate y la investigación. Precisamente el día 21 los terroristas de la región ucraniana de Donetsk, quienes derribaron el avión, permitieron a una delegación malasia a llevar los cuerpos del lugar del ataque y el cabecilla de los separatistas "ordenó" a sus subordinados a devolver todas las pertenencias que ellos se robaron en el acto de pillaje del lugar del siniestro.

A todas luces son evidentes el papel nefasto del presidente ruso tanto en la guerra que se desató en el Este de Ucrania – frontera con Rusia – en marzo por unos separatistas (en su mayoría de nacionalidad rusa), como en todo lo que sigue sucediendo alrededor de esta guerra. A pesar de varias sanciones económicas que los EE. UU., la UE, Japón y Australia han impuesto a los aliados y cómplices de Putin, la guerra sigue, aunque con muchas desventajas militares para los terroristas.

Según los economistas y politólogos, las sanciones a Rusia tendrán efecto a mediano y largo plazo. Claro, la caída del rublo respecto al dólar y al euro y desplome de las acciones de las empresas sancionadas suceden de inmediato, pero el gobierno de Rusia sigue inyectando los recursos estatales provenientes de la venta del gas y del petróleo en mantener "la estabilidad" a costa de sus propios ciudadanos convencidos, gracias a la prensa rusa, de que "las sanciones son ridículas".

El mundo occidental que, por supuesto, también depende en parte de la economía rusa, parece estar entendiendo los peligros que representa para el mundo Putin con su clica y con sus políticas de constantes agresiones contra los vecinos.

La "libertad postsoviética" en Rusia, que tanto alababan los líderes mundiales, resultó ser una gran mentira que limita con crímenes de lesa humanidad. No bastó el 2008, cuando Rusia atacó Georgia. Entender esto costó miles de vidas de los ucranianos más 298 pasajeros europeos, asiáticos, americanos y australianos inocentes del avión malasio.

Si de verdad a los líderes del mundo contemporáneo les interesa la paz y el camino a la estabilidad, no solo en Eurasia, sino en el mundo, entonces no basta con expulsar a Rusia del G8 (lo que ya hicieron), ni del G20 (lo que promete hacer el primer ministro australiano Tony Abbot), ni de quitarle el voto a Rusia en la Organización para la Seguridad y la Cooperación en Europa (OSCE). Es hora de actuar con los pantalones bien puestos. Quizá es tiempo de volver a convocar el Tribunal Internacional de La Haya para llevar al juicio al criminal internacional Vladimir Putin. Aunque esto no eliminaría de inmediato el peligro que representa Kremlin para la paz. Al fin y al cabo, Putin es solo la cara visible del crimen organizado internacional con sede en el Kremlin.

A muchos la historia les sobra para tomar las decisiones políticas mundiales a largo plazo. Pero en este caso, es imprescindible recordar que Rusia, al mejor estilo de varios países africanos, es el único estado europeo y uno de los pocos asiáticos que ha tenido problemas y guerras con absolutamente todos sus vecinos durante por lo menos los últimos 100 años: desde Finlandia hasta Japón y los EE. UU. Y sigue siendo el peligro para el mundo, sobre todo, el mundo civilizado.

¿Quién mató a Boris Nemtsov?

En la tarde del 27 de febrero del 2015 recibí una noticia que, al principio, me pareció inverosímil, una broma de mal gusto: en Moscú fue asesinado el prominente político ruso Boris Nemtsov, a quien siempre he admirado por su valentía y por su incansable lucha contra el autoritarismo en Rusia en general y contra el paranoico exespía de la KGB en el poder, Vladímir Putin.

El 3 de marzo miles de personas asistieron al entierro de Nemtsov en la capital rusa. Sin embargo, ninguno de los políticos en el poder asistió al velatorio. Ni tampoco permitieron que entraran en el país para despedirse de Nemtsov varias personalidades europeas, entre ellas el presidente del Senado de Polonia, Bogdan Borusewicz; y Sandra Kalniete, diputada letona al Parlamento Europeo.

Para comprender el contexto de la muerte de este político liberal en una Rusia atormentada por el autoritarismo, pseudovalores antiliberales y antilibertades, plagada de corrupción, mercantilismo y eterna esclavitud –tanto mental como económica–, es necesario recordar varios hechos significativos: la guerra que desató Putin en Ucrania, los asesinatos y apresamientos de los inconformes con la locura llamada "la política de Putin", y la propia labor de Nemtsov en pro de las libertades individuales y en contra de la corrupción.

El asesinato se produjo dos días antes de la "Marcha por la Paz", convocada por Nemtsov y demás políticos de la oposición, en la que se pretendía mostrar al mundo que aún existen en Rusia ciudadanos que no apoyan la barbarie de Putin en el Este de Ucrania ni las políticas verdaderamente genocidas del Kremlin dentro de su propio país.

Además, se mostraría (y se mostró el domingo pasado, en otra manifestación, en la que se despedía a Nemtsov) que "84% de los rusos apoyan a Putin" es una vil mentira del propio Kremlin. Nemtsov creyó hasta su último aliento que Rusia sí es capaz de salir del bache histórico en el que se encuentra. Fue uno de los políticos de la oposición más influyentes: cofundador y copresidente del Partido Republicano de Rusia - Partido de la Libertad Popular. En el pasado, ya en la era postsoviética, primero fue gobernador de la región de Nizhny Nóvgorod (tercera ciudad más importante de Rusia) en 1991-1997, viceprimer ministro en el gobierno de Yeltsin en 1997-1998 y, luego, diputado de la Duma Estatal (parlamento) en la que mostró su férrea oposición al autoritario Putin.

Horas antes del asesinato, Nemtsov dio una entrevista a radio Eco de Moscú– de las pocas estaciones relativamente libres en Rusia– donde reafirmó que temía por su vida. Además, según el exprimer ministro de Lituania Andrius Kubilius, desde hace varios años Nemtsov estaba pensando en emigrar de Rusia, pero posponía la decisión por la necesidad de actuar, según sus principios, dentro del país. Realmente, a pesar de que la noticia del asesinato nos indignó a muchos, no era un hecho inesperado.

Desde hace varios años Nemtsov recibía las amenazas anónimas, primero por su postura en contra de la guerra que Kremlin desató en Georgia en 2008, después contra la ola de impresionante corrupción que acompañó los preparativos de los Juegos Olímpicos de Sochi y, últimamente, por su dura oposición a las mentiras de Putin y sus lacayos sobre el terrorismo ruso en Ucrania.

De hecho –y es de suma relevancia para entender quién era Nemtsov para Rusia y quién lo mató–, publicó, en coautoría con otro político importante de la oposición, Vladímir Milov, varios informes bien documentados y argumentados sobre estos eventos políticos de la historia reciente de aquel país euroasiático y que desnudaron toda la aberración del putinismo: en 2008 vieron la luz dos informes (*Putin. Resumen* y *Putin y Gazprom*); en 2009 salieron *Putin y la crisis* y *Sochi y los Juegos Olímpicos*; en 2010, *Putin. 10 años* y en 2011 *Putin. La corrupción*.

Todos estos informes fueron publicados gracias a donaciones de particulares y distribuidos gratuitamente. Todos se han convertido en la lectura obligatoria para aquellos quienes aspiran a entender la esencia de la podredumbre del poder ruso. Recientemente fue anunciado el último informe: Putin. La guerra en Ucrania, al que más miedo tiene Kremlin debido a que Nemtsov y sus aliados habían logrado recabar evidencias irrefutables de la presencia del ejército ruso en el Este de Ucrania (cosa evidente que Putin sigue negando) lo que sería suficiente para que la ONU tomara decisión de reconocer a Rusia como un estado agresor y parte del conflicto bélico ucraniano y, quizá –y ojalá–, sea una prueba más para un futuro juicio contra el actual presidente ruso.

Conociendo desde dentro la situación política rusa, podemos afirmar que el crimen contra Nemtsov nunca será descubierto. En el mejor de los casos, se condenará a algún chivo expiatorio (cosa común en Rusia). Pero lo más probable es que nunca se esclarecerá este asesinato.

Y es evidente para los que conocemos Rusia, conocemos las atrocidades del presidente y de su camarilla, que el único interesado y culpable directo del delito es precisamente Putin, sin importar el móvil real de este homicidio.

SE ACABÓ EL AMOR: TRUMP Y PUTIN

En las elecciones presidenciales en los Estaos Unidos, a finales del año pasado, de manera inesperada para muchos ganó el candidato del Partido Republicano el empresario Donald Trump. Dicho sea de paso, Trump intentaba ser candidato a ser inquilino de la Casa Blanca en todas las elecciones desde 1988. ¡Qué angustia le había de provocar tanta frustración por no poder ser candidato durante 28 años!

No obstante, en los bajos fondos de la política estadounidense Trump era conocido, durante casi 40 años (desde la campaña de Ronald Reagan) como uno de los financistas de diferentes políticos de polos ideológicos opuestos – que tampoco habla muy bien de él. Había invertido en las campañas electorales tanto presidenciales como de los diputados del Congreso y de los senadores, tanto republicanos como demócratas. Además, Trump es uno de los cinco presidentes en la historia de los EE.UU que han llegado a encabezar el poder ejecutivo con menos votos populares en las elecciones que sus contrincantes. Así es el engorroso y complejo sistema electoral del aquel país.

Del otro lado está el presidente de Rusia Vladimir Putin, quien fue sacado de la ignominia política – era un minipolitico cualquiera desconocido para los rusos – en el 1999 por el entonces presidente Boris Yeltsin, quien al final llegó a nombrar a Putin el primer ministro, segundo puesto en el mando ejecutivo del país. En 2000, luego de la renuncia de Yeltsin, Putin gana las elecciones y se convierte en el segundo presidente del país más extenso del mundo.

Ahí permanece hasta ahora teniendo Rusia como su negocio personal, gobernada por un presidente y gobierno de los más corruptos del mundo, de manera completamente autoritaria, cometiendo cada día más delitos que en un futuro cercano serán objeto de investigación de la Corte Penal Internacional.

Es de notar que el aparente éxito de Putin entre la masa rusa – que representa entre el 80 y el 90% de la población adulta, según las estadísticas, sondeos y los resultados de las elecciones – radica en la retórica de la "guerra fría" que utiliza Putin desde hace 17 años: "los EE.UU es nuestro enemigo eterno, toda la historia nos ha querido destruir, el sueño de los estadounidenses es acabar con Rusia, tenemos nuestro propio destino histórico, somo el país más importante del mundo lo que les molesta a los americanos…" y otras memeces típicas de todos los dictadorzuelos habidos y por haber, desde Luis Bonaparte, von Bismark, Lenin, Stalin y Hitler hasta Castro, Chávez, Putin y otros. ¡Pobres estadounidenses: en cuántos países han de pensar para hacer maldades!

A pesar de esta retórica antiestadounidense que impera el discurso de Putin desde hace 18 años, al igual que durante toda la existencia del sovietismo mal llamado "socialismo" (primero en la Rusia socialista en 1917-1922, luego en la Unión Soviética en 1922-1991), hay que destacar las relaciones reales entre ambos países en el transcurso del siglo XXI y de lo que en Rusia no se suele hablar y lo que Putin evita mencionar.

Y aquí vamos a llamar las cosas por su nombre: los EE.UU salvaron Rusia y la Unión Soviética por lo menos tres veces en los últimos años.

Primero, en los albores del joven estado totalitario – URSS a principios de los años 1920 – resultó que los revolucionarios comunistas que se apropiaron del poder no tenían ningún programa económico para sacar el país del hambre y atraso feudal, no eran simplemente capaces de empezar a levantar la industria ni la agricultura en la URSS.

Todo ello llevó a una hambruna nunca antes vista en la historia moderna. Según los cálculos más modestos, más de 10 millones de personas en 1921 padecían de hambre, varios millones de los cuales perecieron. El éxodo másivo de la población de las áreas rurales y del interior de las repúblicas soviéticas hacia las ciudades soviíticas más importantes, como Moscú, Petrogrado, Kiev, Minsk y Tiflis, llevaron a una crisis humanitaria sin precedentes. Estas ciudades se llenaron de niños y adolescentes huerfanos, hambrientos y desarrapados, que, por supuesto, se dedicaron al pillaje, asaltos y demás crímenes (a este hecho le dedicó su mundialmente famosa novela "Poema pedagógico" Antón Makarenko.

En este período el país que llega al recate de esta catástrofe fueron los EE.UU, a pesar de no reconocer la URSS como estado. Fue una recolecta impresionante que hicieron los estadounidenses para enviar esta ayuda a los soviéticos. EE.UU envió ayuda humanitaria por el equivalente de varios miles de millones de dólares hasta que los estadounidenses en 1923 se dieron cuenta de que la hambruna era provocada por los comunistas que exportaban el grano producido en Rusia y en Ucrania para obtener las ganancias a expensas de su propia población que pasaba las peores penurias.

Sin embargo, a pesar de que los envíos de la ayuda humanitaria se cesaran, tanto el gobierno de los EE.UU como los empresarios estadounidenses siguieron apoyando el gobierno soviético con la venta de la tecnología de aquella época y con la construcción de múltiples fábricas (algunas de las cuales fueron construidas en los EE.UU, enviadas por mar a la URSS y ensambladas allí) que ayudaron a la industrialización de la Unión Soviética, en esa época ya bajo el estalinismo.

Luego de salir, gracias a la ayuda humanitaria estadounidense, de las hambrunas más horrendas que provocaron millones de muertes en la URSS, el país que fuera "el granero de Europa" y del mundo en el primer tercio del siglo XX, y luego de industrializarse, gracias al apoyo tecnológico de los EE.UU, en 1941 la Unión Soviética es atacada por su aliado más íntimo, la Alemania nazi. No se debe olvidar de que precisamente Hitler y Stalin habían sido los culpables del inicio de la Segunda Guerra Mundial dos años antes.

La URSS no estaba preparada para semejante atrocidad en su territorio. Tanto José Stalin, el dictador más sangriendo de la historia, como toda la comandancia del ejército rojo, permanecían en la fase de negación hasta el momento del ataque de Alemania a la URSS. La ineptitud de Stalin y de sus siervos en el Kremlin provocaron millones de muertos durante los siguientes 4 años que duró la guerra.

El país comunista quedó devastado y desabastecido prácticamente desde el primer mes de la guerra. El heroismo de los soviéticos – soldados y la población en general – es indiscutible. Pero el apoyo militar e industrial fue precisamente de las potencias aliadas de la URSS, que, además, sufrían también de los ataques nazis.

Antes, en marzo del 1941, el Congreso de los EE.UU había aprobado el programa de *land lease* que establecía los rubros de la ayuda a los países-aliados (Gran Bretaña, Francia y la URSS, además la República China se benefició de esta ayuda también). Solo bajo este programa la URSS recibión ayuda por casi 160 mil millones de dólares en precios actuales: fueron suministrados, además de las provisiones de alimentos, la maquinaria militar (autos, tanques, aviones), armas, municiones y un largo etc.

Según la condición del *land lease*, la URSS debía pagar a los EE.UU al término de la guerra solamente por la maquinaria militar que quedó funcional. Así, la deuda de la URSS ante los EE.UU era solamente alrededor de 12 mil millones en precio actuales, de los que la URSS y su heredera política y financiera, Rusia, no han terminado de pagar hasta ahora. Evidentemente, la ayuda estadounidense era crucial para que los aliados, encabezados por la URSS, ganaran la II Guerra Mundial.

Y la tercera vez que los odiados gringos salvaron la URSS y Rusia de la inminente catástrofe humanitaria fue hace 25 años, cuando comenzó la crisis política y, como consecuencia, económica en aquel país asiático a raiz del golpe de Estado en 1991. La ayuda comenzó a llegar a Rusia y a los demás países exsoviéticos el 10 de febrero de 1992: la operación *Provide Hope*, que consistía en recolecta y envío de víveres, medicinas e, incluso, ropa.

La fase más intensiva de la operación terminó en agosto del 1993, durante esta fase se enviaron 7 mil toneladas de ayuda en 282 vuelos de aviones de carga estadounidenses. Después de esta fecha los EE.UU siguieron apoyando Rusia hasta 1997, aunque con menor intensidad, por medio de un total de 500 aviones de carga con la ayuda. Casi la totalidad de los envíos consistía en lo recolectado por los ciudadanos.

Como se ve, la retórica de Putin desde el momento de su ascenso al poder en 2000 se ha basado en hacer todo lo posible para que la gente, sus súbditos, olvidaran toda esta ayuda que de por sí, en los tiempos de la "guerra fría" era minimizada por el partido comunista soviético. Así se ha creado la idea de que la razón de la existencia de los EE.UU es destruir Rusia, su "cultura más importante del mundo" y su propia "vía de civilización".

Los primeros años de Putin en el poder esta retórica fue bastante tímida, no agresiva a punto de ni siquiera ser considerada en cuenta por las potencias mundiales. Sin embargo, todo ello fue no más que una etsrategia del dictador ruso en turno.

De esta manera Rusia prácticamnete estuvo fuera del enfoque de la atención de los políticos mundiales lo que le permitió a Putin preparar el terreno para las mayores atrocidades del nuevo siglo.

Putin "ha sobrevivido" a tres presidentes estadounidenses. Bill Clinton estaba por terminar su mandato y, por consiguiente, no prestaba mucha atención a Rusia ni a su nuevo jefe de Estado con quien no tuvo ninguna relación, a diferencia de la amistad que mantuvo durante todo su mandato con el primer presidente ruso Boris Yeltsin.

George W. Bush gana las elecciones y hereda un cúmulo de problemas internos e internacionales de la desastrosa gestión de su predecesor demócrata. Su mandato inicia con el acto terrorista más atroz en la historia contemporánea, los atentados el 11 de septiembre del 2001, por lo que los primeros cuatro años en la Casa Blanca Bush se dedicó a la guerra contra el terrorismo, la guerra en Afganistán y la invasión a Irak.

La relación con Putin en esta época fue prácticamente nula. Se puede decir que Bush, por desgracia, no puso atención a Rusia, lo que le permitió a Putin cometer una serie de barbaridades tanto dentro como fuera de Rusia. En Rusia seguía la guerra en Chechenia y la posterior "amnistía" de los terroristas con una serie de violaciones a los derechos humanos, asesinatos de los políticos, periodistas y ciudadanos comunes.

Mientras que más allá de sus fronteras Kremlin organizó en 2007 los disturbios en Tallinn, la capital de Estonia; y en 2008 invadió Georgia y anexionó sus dos provincias, Abjasia y Osetia del Sur. Además del apoyo militar y estratégico que Putin daba a los dictadores del Medio Oriente (en Libia, Siria, Irak y otros países), y de la estrecha relación con Chávez y el chavismo.

En enero del 2009 llega a la Casa Blanca Barack Obama quien desde su campaña prometía castigar a Putin por la invasión en Georgia y por la violación de los derechos humanos no solo en Rusia sino en los países vecinos. Obviamente, Putin, quien a través de su grupúsculo de prestanombres tenía intereses económicos en los Estados Unidos, enfurecido y asustado hizo lo posible para que Obama perdiera las elecciones, pero no logró su objetivo.

La campaña mediática de desprestigio dirigida a Obama y a sus Secretarios de Estado Hillary Clinton primero y John Kerry luego no cesó ni un solo día durante los 8 años de la presidencia de Obama. Se utilizó toda la maquinaria propagandística tanta en los medios de comunicación dentro de Rusia (casi todos controlados por Kremlin) como fuera de ella por medio del canal de desinformación RT y la agencia rusa de noticias falsas Sputnik, ambos creados con el propósito de manipular el público irracional a base de la mentira y la distorsión de la verdad de manera artera.

La última gota que derramó el vaso de la paciencia de los líderes occidentales fue el incumplimiento del Memorándum de Budapest por parte de Rusia y la guerra desatada por Kremlin en Ucrania, la anexión de la provincia ucraniana de

Crimea y el derribo del avión malasio MH17 en el que todas las 298 personas a bordo fallecieron.

La gravísima crisis económica en Rusia y la caída del rublo a consecuencia de las sanciones que impusieron los EE. UU., Canadá, Australia y la Unión Europea a los "empresarios" y empresas allegadas a Putin han provocado una intromisión sin precedentes de Kremlin en las elecciones en todos estos países. El miedo casi animal de Putin a la victoria en las elecciones presidenciales del 2016 de Hillary Clinton, férrea defensora de su país de los constantes ataques propagandísticos de Putin y la impulsora de las sanciones económicas y jurídicas contra este dictador ruso, llevaron a este a hacer lo posible para que ganara el actual presidente estadounidense Donald Trump. La prensa rusa, la misma que durante ocho años atacaba con sus mentiras e injurias a Obama, Clinton y Kerry, se dedicó a elogiar a Trump durante todo el 2016. Se hizo creer a los rusos, aprovechando su ignorancia del sistema político republicano y la separación de los poderes en los EE. UU., que Trump era "nuestro" candidato, iba a quitar las "sanciones a Rusia" (que en realidad son sanciones a los amigos de Putin y sus negocios y no al país) y que la vida en Rusia iba a mejorar de inmediato con la llegada de Trump a la Casa Blanca.

Las imágenes patéticas de la celebración con aplausos y champán de los diputados del parlamento ruso – completamente controlado por Putin – de la victoria de Trump en las elecciones recorrieron la prensa internacional provocando todo tipo de sarcasmo y merecida mofa en el mundo. En los propios EE. UU. siempre se ha sospechado, y cada día con más razón, de la intromisión de Rusia en sus elecciones y el papel de Kremlin a través de la tecnología y el financiamiento de la campaña de Trump. Cada día aparecen más pruebas directas e indirectas de esta intromisión. Ya se sabe que el banco de Putin VEB (sancionado por el gobierno de los EE. UU.) financió varios proyectos inmobiliarios de Trump en los últimos años, al igual que financió la campaña de la extremista francesa Marine Le Pen. Se saben las constantes reuniones que antes y durante la campaña electoral sostenían Trump y sus familiares tanto con el embajador ruso en Washington como con los demás representantes de Putin. Se investigan los ataques de los hackers rusos a los correos de los candidatos demócratas, entre ellos de Clinton, y la filtración de estos correos.

Desde la primera hora de Trump en la Casa Blanca la prensa rusa, espejo fiel de las estrategias e ideas de Putin, comenzó a elogiar al nuevo presidente estadounidense, a prometer la pronta eliminación de las sanciones a Rusia. Sin embargo, el Congreso de los EE. UU. prohibió a Trump quitar cualquier sanción impuesta por la administración anterior. Es más, el mismo Trump ha tenido varios reveses de sus desacertadas decisiones, anuladas por varios jueces: por ejemplo, los decretos antimigrantes. Poco a poco el fervor de la propaganda rusa se venía apagando hasta volver a convertirse en antiestadounidense y antitrumpista. En tan solo tres meses los seudoperiodistas de la TV rusa, que en enero elogiaban de manera patéticamente obsesiva a Trump, ahora vuelven a la misma retórica de ataques e insultos. Por lo menos, la gente en Rusia empieza a entender que fueron manipulados y embobados.

Actualmente en los EE. UU. hay varias investigaciones contra la injerencia rusa en las elecciones pasadas. Queda esperar las conclusiones y que los responsables (y el responsable principal) serán castigados. Además, aun no queda claro el futuro del propio Trump – con la reciente propuesta del *impeachment* o juicio político - tomando en cuenta sus constantes metidas de pata, sus excusas diarias de "no me entendieron", su inverosímil victimización y las sospechas de un tráfico de influencias nunca visto en la política estadounidense.

Al fin y al cabo, el sistema político y jurídico estadounidense sí funciona y suele perseguir y castigar a los que cometen delitos, a diferencia de Rusia y demás países del "tercer mundo". Así que, a prepararse y a esperar lo que la historia nos tiene preparado.

100 AÑOS DE LA REVOLUCIÓN RUSA

El 7 de noviembre del 2017 se cumplieron 100 años de la toma del Palacio de Invierno de Petrogrado por las hordas de desarrapados – "lumpemproletarios" en términos de Marx - apoyados por los marinos y militares borrachos.

Este evento, llamado por la historiografía soviética "Revolución de Octubre" y "Revolución bolchevique", en realidad fue parte de la Revolución Rusa que se había desatado el 8 de marzo de aquel año y terminó el 19 de enero del 1918 con el Golpe de Estado durante la disolución violenta de la Asamblea Constituyente de Toda Rusia por parte de esos desarrapados.

Es de resaltar que de esta manera el "primer estado socialista", impuesto por medio de la violencia y el derramamiento de la sangre de personas civiles, carecía de cualquier legitimidad y apoyo de la población. Además, no se debe olvidar que los impostores comunistas suprimieron todos los derechos y libertades civiles (de la expresión, de conciencia, de religión, propiedad privada, protección e, incluso, derecho a la vida) hasta el año 1985 cuando fue anunciada la Perestroika ("Reconstrucción" en español). Desde los primeros días después del 7 de noviembre, cuando Lenin declara el partido bolchevique (comunista) "vencedor" de la revolución, la abrumadora mayoría de los funcionarios públicos de todo el país y los oficiales del ejército (y la mayoría de los soldados y marinos) rechazan el nuevo gobierno autoimpuesto, comenzando el así llamado período del "Boicot al gobierno de los soviets por los servidores públicos". La URSS, fundada 4 años después, en 1922, sobre los escombros de las excolonias rusas, desde el principio se construyó sobre la sangre de 12 millones de perecidos en la sangrienta Guerra Civil rusa y el "terror rojo", la posterior hambruna en 1921-1922 con más de 2 millones de muertos; las guerras en los países del Cáucaso, Asia Central y Ucrania provocadas por los bolcheviques y que produjeron otros 2 millones de víctimas… Y eso fue solo el principio. A estas cifras se suman los hechos posteriores: el Holodomor, las purgas estalinistas, etc.

En 1991, cuando desapareció este engendro totalitario llamado la URSS, los historiadores contabilizaron más de 50 millones de muertos por la violencia comunista. Y eso sin contar con más de 25 millones de víctimas en el territorio soviético durante la Segunda Guerra Mundial, consecuencia directa del pacto entre Stalin y Hitler (que éste último incumplió).

No se puede obviar los demás horrores políticos y sociales del siglo XX, consecuencia directa de esta nefasta "revolución bolchevique". Desde la llegada al poder del socialista italiano Benito Mussolini, quien estableció el totalitarismo fascista en su país y en los países vecinos; el nacional-socialista (nazi) Adolfo Hitler en Alemania, quien llegó al poder en 1933 y cuya dictadura mató a decenas de millones de personas; Mao Tse Tung, Pol Pot, los Castro, Chávez, los mini y maxidictadores africanos y un largo etcétera que solo en los tiempos de "paz mundial" (antes y después de la II Guerra Mundial) asesinaron a más de cien millones de personas…

No faltan los que, en su intento de justificar el socialismo y el comunismo, repiten las memeces del "excelente" nivel de la educación y medicina en los países socialistas. Nada más falso y alejado de la realidad. Basta ver los hospitales cubanos o soviéticos (en Rusia siguen siendo igual de míseros que hace 26 años). O ver la cantidad de los científicos premios Nóbel de las ciencias: solo 20 de ellos eran soviéticos mientras que los estadounidenses son 350, ingleses 125, cien alemanes… Incluso los científicos de Suecia, Suiza y Canadá, que tienen mucha menos población que tenía la URSS, cuentan con más premios Nóbel.

¿O cuántos artistas, escritores, músicos mundialmente conocidos, relevantes para la historia, son producto de la educación soviética o cubana? En fin, es difícil si no imposible desarrollar la mente creativa y ser un creador en un país sin libertades.

América Latina ha sido la región más infestada por las acciones aberrantes provocadas por las ideas nefastas regadas desde el Kremlin. Todas las guerrillas latinoamericanas fueron creadas por los soviéticos y con el financiamiento soviético a través de Cuba. La URSS con sus secuaces de las guerrillas latinoamericanas son responsables de todos los conflictos armados en Latinoamérica en el siglo XX y principios del presente.

Aun falta contabilizar cuántas víctimas y cuántos daños materiales han provocado los criminales de las FARC, del Sendero Luminoso, los montoneros y demás bandas argentinas, los terroristas guerrilleros en Guatemala, El Salvador y Honduras, los zapatistas en México y un largo etcétera. Pinochet y demás gobiernos militares en la región son consecuencia y responsabilidad de las acciones terroristas de los comunistas…

Cuando el filósofo Francis Fukuyama en 1992 publicó su famoso libro "El fin de la Historia y el último hombre", desgraciadamente se equivocó. Las guerras y revoluciones provocadas por las ideologías – o, mejor dicho, por una ideología, el marxismo – no han terminado.

El marxismo (o socialismo, o comunismo) sigue existiendo disfrazado de otros nombres. Sea el "socialismo del siglo XXI", "el sandinismo" o algo por el estilo, siguen siendo la misma cosa. No puede una persona racional e inteligente pensar que el socialismo traerá beneficios a la humanidad, salvará de la pobreza y analfabetismo. La historial ha mostrado que es una ideología sangrienta, inhumana, criminal.

CUBA Y VENEZUELA: EL SOCIALISMO DEL SIGL XXI O LAS ABERRACIONES DE SIEMPRE

LA PARADOJA DE MARX Y DEL MARXISMO

El siglo XIX fue marcado por los grandes cambios sociales, científicos y filosóficos. Uno de los filósofos que han impulsado estos cambios es Carlos Marx (1818-1881) cuyos escritos sirvieron de base para los movimientos revolucionarios en el transcurso de los siglos posteriores. Sin embargo, tanto la biografía de Marx como sus ideas – filosóficas, sociales, jurídicas y económicas – son plagadas de las paradojas y contradicciones.

Basta recordar la famosa frase que escribió Marx a su yerno Paul Lafargue: "lo único cierto es que yo no soy marxista". Y es demás mencionar que el concepto del tal masticado por todos "comunismo" es bastante lejano de las ideas de este filósofo alemán. En sus numerosos trabajos e investigaciones unas contadas veces se utiliza este término. No así el "socialismo científico", fundado por Marx a partir de los conceptos idealistas platónico-hegelianos.

La gran paradoja de la vida de Marx puede ser resumida en un refrán: en casa del herrero, cuchillo de palo. Defendiendo, a primera vista, el proletariado, el mismo Marx no tiene prisa en convertirse en su miembro ni a dedicarse a ganar sustento por ninguna vía. Pasando días y noches en la Biblioteca del Museo Británico, no gana ni un centavo y literalmente mata de hambre a 4 de sus 8 hijos, y a su esposa. Vive en la extrema pobreza desde su llegada a Londres en 1849 y hasta su muerte.

Eso sí, tuvo tiempo para procrear un hijo ilegítimo a quien nunca reconoció. Sus últimos días vivió mantenido por su amigo, otro personaje paradójico, Federico Engels, un acaudalado capitalista alemán, con quien escribió en coautoría una parte significativa de sus trabajos. En general, la vida de Marx permite deducir que no hacía lo que predicaba.

Las teorías que desarrolló Marx, genéricamente llamadas "marxismo", a pesar de parecer algunas lógicas, en realidad no lo son. La base del marxismo (y del socialismo "científico") radica en la teoría del materialismo histórico, expuesta por Marx en varios artículos y recopilada en su famoso tratado "La Ideología Alemana" escrito en conjunto con Engels.

A primera vista las tesis presentadas en el libro tienen sentido, la oposición entre el idealismo hegeliano y el materialismo parece ser bien argumentada y ejemplificada ("en la historia la satisfacción de las necesidades materiales conduce a crear necesidades nuevas" o la descripción de las formas de propiedad en la historia).

No obstante, lleva a las conclusiones equivocadas a partir de la falacia de generalización. Más que nada este error se evidencia en el concepto de la lucha de clases en el que Marx le resta el valor al individuo y no prevé la posibilidad del traslado de una clase a otra por un individuo. Así, la conclusión falaz del materialismo histórico consiste en que "la historia se desarrolla por la lucha de clases" y "la conciencia social" (el ser social determina la conciencia).

La oposición de clases en sí parece tener una razón lógica. Las oposiciones y contradicciones todavía son la base de la lógica aristotélica, tomada en cuenta y desarrollada por los filósofos posteriores, como Leibniz, Hegel, Peirce o Popper. Marx no es la excepción. Se establece la ley dialéctica de la unidad y lucha de contrarios que en muchos aspectos podría tener sentido si no fuera por la generalización de las ideas, heredera de las categorías platónicas. Luego, Marx sigue el modelo de tesis-antítesis-síntesis aplicándolo a la lucha de clases (proletariado-capitalista-revolución).

En el "Manifiesto del Partido Comunista", basado en "Los principios del comunismo" de Engels, Marx deduce que la revolución proletaria llevará al estado proletario democrático y este, a su vez, en un futuro, a una sociedad sin clases. Pero la propia lógica dialéctica marxista dice que no puede haber una sociedad sin clases. Paradoja demostrada por la historia: hasta la fecha no ha habido una sola revolución proletaria y todos los estados declarados "socialistas", al eliminar una clase dominante (capitalista burguesa) han parido dentro de la "igualdad" otra clase dominante – la nomenclatura.

Por último, las divagaciones económicas de Marx carecen de sentido desde su concepción. En el artículo "Salario, precio y ganancia" en 1865 Marx asegura que el principal consumidor de la producción capitalista es el proletariado. Y al mismo tiempo insiste en que el capitalista siempre quiere hundir al proletariado en la miseria: la famosa plusvalía capitalista y el "fetichismo mercantilista". No queda claro, entonces, de qué manera el proletariado, hundido en la miseria, le va a comprar al capitalista sus mercancías. Lo dicho y creído por Marx se contradijo por la propia situación de la Inglaterra de aquella época. Para el último tercio del siglo XIX el nivel de vida de los obreros londinenses creció tanto que Marx debió entender que su teoría económica fracasó.

Queda más para un análisis profundo de las paradojas del marxismo, a lo que se han dedicado numerosos pensadores desde aquella época. Entonces, ¿por qué tanta insistencia en seguir aplicando estas ideas descabelladas? ¿Será cierto que, como dijo Reagan, "los comunistas leyeron a Marx, y los anticomunistas entendieron a Marx"? Aunque no hay duda de que muchos que insisten en aplicar en la práctica el socialismo, desconocen los trabajos fundamentales de Marx y Engels.

¿EL SOCIALISMO DEL SIGLO XXI O LAS ABERRACIONES DE SIEMPRE?

Durante la historia el ser humano ha pervertido muchos conceptos y hechos con consecuencias desastrosas. Pero la perversión más nefasta es el socialismo y comunismo que cometió primero Lenin en Rusia, Mao en China y Castro en Cuba y ahora insisten Chávez-Maduro, Morales, Ortega, Kirchner y otros tantos políticos de escasa sabiduría y nula capacidad de razonamiento.

Hay que recordar que el socialismo y el capitalismo obtienen su desarrollo "científico" en los trabajos de Marx quien, aunque se equivocó en muchos postulados suyos al basarse en las falacias, habló del camino evolutivo del capitalismo y advertía de la imprudencia de la revolución en los Estados que no han llegado a su fase superior del capitalismo (generación de bienes y recursos económicos) que se transformaría, según él, en el socialismo (administración colectiva) y esta, a su vez, en el camino de la historia, al no tener más la necesidad de bienes individuales, se convierte en el comunismo. La revolución, según Marx, sería necesaria si en el capitalismo los burgueses se rehusaran a despojarse de sus bienes "innecesarios", ganados "a cosa de explotación del proletariado".

Así, el comunismo, el socialismo y el capitalismo no son ideas contrarias sino el camino natural del desarrollo de este último, según el propio Marx. Lenin, sin tener punto de referencia histórico, pervirtió la idea de Marx y, aprovechando la revolución rusa, estableció el primer estado socialista que fracasó y cayó bajo la dictadura sangrienta de Stalin. Allí el mundo entero debió entender que la evolución no puede convertirse en la revolución, que es antinatural y amoral, pero el PCUS, Castro, las FARC, Ortega, Chávez, Morales, Putin y otros tantos gaznápiros, no entendieron -a los que no aprenden de los errores los solemos llamar con un sinónimo de insensato-. De estos personajes espurios de la historia es el dicho: lo que natura no da, Salamanca no presta.

El socialismo del siglo XXI no es más que una manera eufemística de hundir a la gente en la pobreza para cubrir las necesidades de la clase dirigente y convertir sus países en las fuentes de riqueza para los gobernantes de manera legalizada. Tales son los casos de Cuba, de Venezuela, Bolivia, de Rusia, etc. Es el intento que le está fallando a los Kirchner y los sueños de las FARC.

El argumento memo de los políticos y columnistas patosos de que estos regímenes son apoyados por la mayoría del pueblo son tan válidos como decir que los linchamientos son parte del sistema judicial. El apoyo que le da la mayoría de los cubanos a los Castro o los rusos al Putin sólo recuerda la abolición de esclavitud: cuando en EE. UU., Brasil y Rusia les dieron la libertad a los esclavos, muchos de ellos regresaron con sus amos porque no estaban acostumbrados a pensar ni valerse por sí mismos. Y tenían razón los romanos y Marx: lo único que necesita la gente para ser dominada es el pan y el circo.

La diferencia entre el capitalismo y el socialismo es que el primero aspira a eliminar la pobreza a través de la igualdad de oportunidades y derechos, el segundo trata de eliminar a los ricos por medio de la igualdad social y económica (redistribución de la riqueza por medio de un impuesto progresivo, la nacionalización, el control "social" que se convierte en el estatal), que es cosa antinatural. En sí, el socialismo como sistema político es una aberración, no existe tal igualdad porque, como dicen por ahí, todos somos del mismo barro, pero no es lo mismo bacín que jarro. El que trabaja, come; los cuentos de solidaridad y cohesión social son absurdos, lo que se ha demostrado por la historia. Y el control estatal no puede producir más que la pobreza y escasez de todo. Los ejemplos están ahí: el Chile de Allende, la Cuba de Castro, la URSS, la Venezuela chavista, la Argentina kirchnerista, la Corea del Norte de los Kim y un largo etcétera de los desastres económicos naturales producidos bajo el lema "todo es del pueblo" lo que se traduce en "todo es de nadie".

MITOS SOBRE EL SOCIALISMO CUBANO

Desde que el 1 de enero de 1959 Fidel Castro entró a La Habana con sus "gestas revolucionarias" y se apropió del poder, el Gobierno ilegítimo de Cuba no se cansa de mentir y de crear mitos. La gran campaña mediática del "socialismo" cubano se ha enfocado en construir la opinión pública internacional. No obstante, tanto los cubanos de la isla como los que lograron huir saben mejor que nadie la verdadera realidad que se vive día a día en el infierno castrista.

La gran mentira comenzó con las promesas de Castro de realizar las elecciones democráticas inmediatamente en aquel lejano 1959. Fue una de las razones por las que la mayoría de los cubanos, cansados de las atrocidades del dictador Fulgencio Batista (1955-1959), apoyaron la Revolución. Pasaron tres meses —marzo, abril, mayo— y Castro no emitió palabra acerca de entregar el poder.

En ese momento comenzaron las mayores atrocidades cometidas por los Castro y su perro guardián Ernesto Guevara contra sus opositores y detractores, y contra el pueblo cubano en general. Para ese entonces, una gran cantidad de cubanos entendieron una vez más que habían sido engañados por otro vil politiquero. No vale la pena enumerar aquí los hechos de los últimos 55 años de la Cuba bajo el yugo castrista —que de socialismo en realidad no tiene absolutamente nada. Pero sí es importante abrir los ojos y reconocer que la mayoría de los "logros cubanos" son una cortina de humo, mentiras de las más descaradas. Desde el famoso "embargo" y hasta la "igualdad social", todas descaradas mentiras. Al instalarse en el poder, Castro cambió su retórica anti-Batista y, poco a poco pero cada vez con mayor intensidad, introduce el concepto del "carácter antiimperialista" de la revolución y del sistema político cubano. Finalmente, el flamante régimen se sometió a las condiciones impuestas por la Unión Soviética —el mayor imperialista del siglo XX— con todas sus consecuencias. La confrontación con Estados Unidos, el enemigo presentado como acérrimo y feroz y que, además, está a 90 millas, le cae como el anillo al dedo a Castro. Es bien sabido que la base de la manipulación en la política consiste en la unión contra un enemigo común. Y si no lo hay, se lo inventa. De allí el famoso dicho, "el pueblo unido, jamás será vencido".

Al expropiar las propiedades tanto de los estadounidenses como de los propios empresarios cubanos —bajo el eterno mamarracho de que "los opresores que explotan a los trabajadores"— Castro superó al propio Batista contra quien luchó. Las expropiaciones fueron realizadas bajo la promesa de pagar el precio justo a los empresarios, sin embargo, hasta la fecha, no se ha pagado ni un centavo. Llamemos las cosas por su nombre: los Castro y sus secuaces robaron propiedades ajenas. Y al ladrón se lo castiga, como con el justo y merecido embargo comercial que impuso EE. UU. a Cuba en 1962. Por cierto, mucho antes de las vociferaciones "antiimperialistas" del usurpador Castro.

A los cubanos se le hace creer que sus vecinos envidian tanto al socialismo que impusieron este embargo. Y, como sabemos, la constante reiteración de una vil mentira se convierte en la verdad. No hay que olvidar que Cuba siempre ha podido comerciar libremente con el resto del mundo, como es el caso de Canadá. No obstante, el embargo le permite a los Castro seguir teniendo a los cubanos unidos como un rebaño, cuyo pastor es un decrépito impostor. También les posibilitó reforzar el control de la economía —o lo que quedó de ella— cual un negocio particular en sus propias manos. El despropósito típico de los regímenes totalitarios socialistas es sobrevivir a costa de los demás, sobre todo, del capitalismo. ¿O acaso pretendía Castro luchar contra el capitalismo con los recursos del capitalismo? Al fin, ¿no es un principio básico de la economía socialista ser autosuficiente?

Y no se puede olvidar de que la inexistente economía socialista cubana siempre ha usufructuado de los demás. Como en el caso de la Unión Soviética, que le vendía a Cuba todo lo que necesitaba por precios varias veces más baratos que incluso su costo de producción, y paralelamente le compraba azúcar —que ni siquiera necesitaba— a valores varias veces más altos que los del mercado internacional.

En la década de 1990, cuando la Unión Soviética cayó por su propio peso, los cubanos la pasaron mal. Habían transcurrido los 30 años que se beneficiaron de la ayuda "solidaria" sin ningún resultado positivo: no se crearon industrias ni pudieron desarrollar la agricultura. Pero cuando el hambre generalizada estaba a punto de hacer caer a los Castro, el presidente venezolano Hugo Chávez fue su salvación. De una dictadura y violaciones a los derechos humanos, Cuba cayó en otra. Fue la misma mentira de la "revolución proletaria" rusa, de la que se aprovechó Lenin, sus secuaces y los desarrapados, que en realidad fue puramente burguesa –¡no existía el proletariado en Rusia! Hasta en esto los Castro siguen el mismo patrón del comportamiento político y antisocial de la URSS. Y no en vano lo primero que se creó en Cuba, al mejor estilo socialista, fueron los famosos comités de defensa de la Revolución: reductos de soplones desarrapados al servicio del régimen, para defender al Gobierno de sus propios súbditos. ¡Vaya isla de "la libertad"!

Hay que recordar que la Cuba antes de Castro no era un país tan atrasado como lo pintan los castristas. Y los datos tanto de la ONU, como de la UNESCO y demás organismos internacionales son bastante elocuentes en este sentido. Nunca fue país de extrema pobreza. Siempre fue uno de los países más alfabetizados, con mayor cantidad de médicos que la mayoría de los países europeos (y de mejor calidad); la Universidad de La Habana en aquel entonces era un referente mundial en las investigaciones. Ni hablar de la tecnología de la época (ferrocarril, aviación, radio, telefonía, televisión) que primero llegaba a Cuba (después de EE. UU.) y luego, a veces al pasar varios años, a los demás países no solo del hemisferio, sino también de Europa.

Sin embargo, la flamante e insignia educación "socialista" de la que se jacta el castrismo en Cuba se ha convertido en un adoctrinamiento al estilo más vulgar. Ya varias generaciones de cubanos –y extranjeros– están seguras de que antes de la "revolución" en "Cuba no existía nada, sino la obscuridad" (cito a un profesor cubano castrista que trabaja en una universidad mexicana, pero que bajo ningún concepto quiere volver a su "paraíso del socialismo").

Haciendo la referencia a la educación –adoctrinamiento– cubano y sus famosos "índices de alfabetismo" y "nivel educativo", no se puede olvidar de que estos índices y estos estudios son enviados a los organismos internacionales por el propio Gobierno castrista. Cuba es uno de los pocos países del mundo –pero típico país con un régimen totalitario– que no admite a los evaluadores de las ONG internacionales a realizar los estudios en su territorio. El caso más grosero y grotesco es el de "los derechos de la infancia" que tanto se jacta de proteger el régimen castrista. Pero la realidad es totalmente diferente. A todos los que hemos ido a Cuba nos sorprende la cantidad de los jóvenes (adolescentes y niños) trabajando en las calles de La Habana, Santiago, Pinar del Río y otras ciudades.

Al pasar por la carretera –mejor dicho, una parodia de carretera– en áreas rurales es impresionante ver a los niños y adolescentes trabajar en la zafra, en la recolección de piña y otras labores agrícolas. Y ni que hablar de las mundialmente conocidas prostitutas habaneras, por las que muchos pervertidos viajan a Cuba y dejan su dinero allá. La mayoría de estas chicas no tiene ni 18 años.

Tanta alharaca castrista sobre "la infancia feliz", pero el mundo no ve que la mayoría de edad en Cuba inicia a los 16 años, por lo que, además, a esta edad los adolescentes ya pueden ser penalmente perseguidos como adultos. No se ve que la "educación laboral" en el sistema de adoctrinamiento se ha convertido en una forma de esclavitud infantil. Los niños deben dedicar parte de su infancia a trabajar sin recibir paga alguna en las empresas estatales o en el campo. Varias organizaciones internacionales han exigido al Gobierno castrista que eleve la mayoría de edad a los 18 años y que dejen de explotar a los niños y adolescentes. Pero es como hablarle a un sordo.

Otro concepto esencial en el que se sostiene la manipulación mundial del ilegítimo Gobierno de los hermanos Castro es la medicina. La izquierda mundial vocifera a cuatro vientos sobre los "logros" de la medicina cubana, de la "calidad" de sus médicos y de la "ayuda desinteresada" que presta Cuba a los países subdesarrollados a donde envía a sus especialistas para combatir las enfermedades. Aunque las tres afirmaciones son tan falsas y burdas como toda la propaganda que sale del Palacio de la Revolución en La Habana.

Después del 1 de enero de 1959, gran parte de los intelectuales cubanos —entre ellos los médicos— entendieron que "la Revolución" se estaba convirtiendo en otra dictadura, incluso más cruel que la anterior, y comenzaron a emigrar de manera masiva. Muchos de los doctores de la isla, que ya contaba con la fama por su excelente nivel sanitario y de atención médica, se vieron obligados a emigrar en busca de una vida más digna. Esto produjo una crisis en el área de salud por falta de profesionales. Entonces, el Gobierno no encontró mejor solución que implementar un plan de preparación acelerada de médicos: el famoso Plan Baeza. Miles de médicos se gradúan en 4 años, el mismo tiempo que en otros países lleva obtener un título de enfermero. Tras numerosas reformas educacionales en el transcurso de los 55 años de la dictadura, convertirse en médico solo requiere entre cinco y seis años, mientras que en el resto del mundo es de siete u ocho años. Desde el primer año de la carrera los futuros médicos realizan sus prácticas atendiendo a pacientes e, incluso, operando. Toda la formación se enfoca en la práctica sin casi nula preparación teórica, tan necesaria para un médico. Es la razón por la que ni siquiera países aliados del régimen castrista, como Brasil o Bolivia, reconocen los títulos de medicina emitidos por universidades cubanas. Además, a la hora de revalidar el título, los egresados cubanos suelen fracasar en los exámenes.

Con todo ello, Cuba, con su Escuela Latinoamericana de Medicina (ELAM), se ha convertido en el centro de

atracción para los estudiantes de varios países que, engañados, llegan becados a la isla a estudiar medicina. Y ni
las advertencias de que sus títulos no serán reconocidos,
ni las nefastas experiencias de los que ya pasaron por este
lavadero de cerebros, nada de ellos disminuye el arribo de
nuevos alumnos extranjeros. Como bromean estos alumnos que llegan a la ELAM, "en casa de herrero, cuchillo de
palo", refiriéndose a la prácticamente nula calidad médica
para los propios cubanos: las farmacias vacías, los hospitales en una situación lamentable y de total insalubridad,
o el fracaso rotundo del plan de "médico de familia" lo ponen en evidencia.

Eso sí, a cualquier extranjero que llega a Cuba y se interesa por su "alto nivel sanitario" le deslumbran con varios hospitales de lujo con tecnología de punta. Sin embargo, evitan mencionar que estas clínicas son un negocio
del Gobierno y en ellas no atienden ni gratis ni a cubanos
—a menos que sean de la nomenclatura.

Y lo más curioso: evitan recordar que la mayoría de los
doctores de estos hospitales no son cubanos y no han estudiado medicina en este "paraíso médico". La realidad
choca con los datos estadísticos de las Naciones Unidas,
de la UNESCO y de la propia Organización Mundial de
la Salud (OMS), instituciones que, a partir de los datos
enviados por el propio Gobierno cubano, ponen a la isla
entre los países más desarrollados en materia de la salud.
El hecho de que los datos son entregados por el castrismo
y no por evaluadores internacionales es esencial para
comprender que se trata de datos manipulados o falsos.

En las calles de La Habana —como en el resto del
país— se puede apreciar la degradación completa de la salud y de la salubridad: los niños en muchos casos con

anemia por mala alimentación (con una dieta abundante en frijoles y arroz), la suciedad en las calles y la conservación de los alimentos, entre otros problemas.

Pero Cuba – o, mejor dicho, su ilegítimo gobierno - es tan solidaria que envía a miles de médicos a los países menos favorecidos del mundo, podrían muchos intentar refutar. Por supuesto, envía médicos y en cantidades industriales. Este es el plan de manipulación mediática internacional para mostrar la "solidaridad" del Gobierno cubano. La otra cara de la moneda es mucho menos agradable y más prosaica. Los médicos cubanos en el exterior son unos simples esclavos del castrismo, además de una fuente de ingresos inagotable. Por cada médico la isla recibe en promedio de US$1.000 a $2.000 por mes. Pero se le paga a cada médico en el mejor caso $400. No hay que ser genio para calcular que el negocio es más que lucrativo, pero únicamente para los Castro.

Quizá, dentro de toda la miseria existe algo positivo: el esquivar las prohibiciones propias del totalitarismo, el ingeniarse para sobrevivir en la isla y el sentido de supervivencia les han enseñado a muchos cubanos algo de empresarialidad y creatividad. Se puede estar seguros de que, después de la caída del régimen castrista —ya sea por su propio peso o con "ayuda"— los cubanos no pasarán las penurias típicas de transición, sino se adaptarán rápido a la libertad.

ÉRASE UN FASCISTA MADURO

Los últimos años el mundo ha vuelto a fijarse en Venezuela debido a las manifestaciones diarias de los venezolanos en contra de Nicolás Maduro y la grave situación económica, social y política provocada por la incapacidad completa de este gobernante. Como respuesta, Maduro convoca las contramanifestaciones diarias de sus simpatizantes y no deja de proferir insultos contra sus detractores.

Una de las palabras que usa prácticamente en cada oración, al referirse a los opositores, es "fascismo". Tantas veces repite Nico esta palabra que surge la pregunta… ¿qué tal si Freud tenía la razón?

Según el psicoanalista austríaco, la proyección es un mecanismo de defensa por el que el sujeto atribuye a otras personas los propios motivos, deseos o emociones. Es una forma de ocultación involuntaria e inconsciente de su vida psíquica consecuencia de la presión del súper yo que sanciona como incorrecto el contenido psíquico o de los temores y frustraciones del sujeto. Más claro, imposible.

Entonces, ¿qué trata de esconder Maduro tras este insulto? ¿A qué le tiene miedo este hombrecillo con pretensiones de un dictadorzuelo? La respuesta es muy sencilla: el régimen que trata de imponer Maduro y lo que trataba de hacer antes Chávez es un fascismo puro. La historia conoce a tres dictadores que podrían considerarse fascistas.

En Italia fue Mussolini, quien creó el concepto ideológico del fascismo como sinónimo del corporativismo estatal; en Alemania se instaló la dictadura nacionalsocialista de Hitler quien encajó en el perfil fascista por lo que se ha convertido en el referente de esta "tendencia" y el general español Franco suele ser calificado como un dictador fascista. En vez de poner definiciones teóricas de esta ideología nacionalsocialista, veamos la comparación entre Chávez y Chávez-Maduro de un lado y el máximo actor fascista de la historia Hitler.

Al igual que Hitler, que obtiene fama en Alemania después de un fallido Golpe de Estado y es encarcelado (el famoso Putch de la Cervecería de Múnich en 1923), el "pajarito parlanchín" se da a conocer en Venezuela después del intento del Golpe de Estado en 1992. Muchos se acordarán de las imágenes de un Chávez llorando a moco tendido y pidiendo clemencia, por lo que en 1994 fue perdonado, a pesar de ser hallado culpable, por el entonces presidente venezolano Rafael Caldera. Al igual que Hitler en 1923. Una vez en el poder (Hitler nombrado canciller por el presidente de Alemania Paul von Hindenburg después de ganar su partido las elecciones y el pajarito Chávez, ganando las elecciones presidenciales), ambos se empeñan en permanecer en el poder, cualidad típica de cualquier hombre débil que llega a la cima política.

En primer lugar, proclaman consignas populistas contra la pobreza; se dedican a saquear la economía por vía de la "nacionalización"; se empecinan a perseguir primero a sus propios copartidarios que entienden que son engañados y, después, a cualquier opositor; compran votos con promesas baratas propias del populismo, tirándole las migajas a la "masa"; forman grupo de los gobiernos aliados a través de ayuda económica; crean una figura del enemigo de la nación (gitanos y franceses para los alemanes y los yanquis e imperialistas para los venezolanos).

Y, por último, no dejan de aparecer en público con la propaganda manipulativa basada en la repetición de tres conceptos claves: "todo para el pueblo", "la oposición que sueña con hacernos más pobres" y "debemos unirnos contra el enemigo" con el claro objetivo de dividir la población: ellos, los oligarcas, contra nosotros, los buenos alemanes (venezolanos). Y la mentira repetida miles de veces se convierte en la verdad.

Para permanecer en el poder ambos convierten la educación en el adoctrinamiento. El Estado impone los programas educativos para crear la "nueva historia", mantener en la memoria de los jóvenes las "atrocidades" del pasado y aniquilar cualquier tipo de la capacidad crítica. En los dos países los gobernantes crean milicias conformadas por los desarrapados para defenderse de sus propios pueblos y les entregan las armas.

Con todo ello, ambos personajes hunden sus respectivos países en la miseria e imponen el terror basado en los altos niveles de criminalidad: tanto en la Alemania nazi como en la Venezuela de chavista-madurista las tasas de homicidios saltan a 60 asesinatos por cada 100 mil habitantes, mientras que los dos gobiernos han asegurado la baja significativa en la criminalidad. Es demás recordar que en los 17 años del "socialismo del siglo XXI" en Venezuela de manos de los asesinos han perecido más de 170 mil personas por lo que Chávez y su extensión física, Maduro, son, indudablemente, genocidas. Y no se puede olvidar que tanto Hitler como *Chávezmaduro* han gobernado bajo las leyes habilitantes que son contrarias al mismo principio de la república y de la democracia.

La lista de comparaciones puede ser larga. Los resultados económicos son igualmente semejantes, desde la constante inflación en ambos países hasta la circulación monetaria paralela. A pesar de ello, existen puntos a favor de Hitler en este aspecto, debido a que el nazi promovía la economía basada en la industria y no en la materia prima por lo que no existió el desempleo. Sin embargo, la militarización, las economías planificadas y la intromisión del estado, en ambos países, han hecho los estragos esperados.

A este grupo de los fascistas podrían unírseles otros dictadores de las características similares. Desde Stalin hasta el bien alimentado Kim Jong-Un. Sin embargo, ya que Maduro prefiere referirse a la oposición como "fascistas", proyectando así sus propias características, hay que compararlo con el fascista más famoso y sangriento y, a la vez, políticamente más inepto de la historia, Hitler. Así que, un consejo para Nico, ¡a lavarse la boca antes de hablar! O seguir acumulando los delitos para un inevitable juicio en un futuro.

PARANOIA

Las personas con distintos trastornos mentales, vulgarmente llamados "locura", suelen dar risa o, en los peores casos, pena y lástima. Muchos de ellos son inofensivos, mejor aún si son recluidos en los hospitales psiquiátricos (manicomios) donde son atendidos, mantenidos y alejados de la sociedad, por si acaso, porque nadie puede predecir qué tienen estas personas en la mente y en qué momento su estado pacífico se convertirá en un peligro, tanto para sus familias como para las demás personas.

El hecho de que enfermos mentales puedan llegar a gobernar un país entero, dirigir un Estado, suena descabellado. Pero sucede. No cabe la menor duda de que los grandes asesinos y genocidas en la historia —Hitler, Stalin, Pol Pot, entre otros, han probado el peligro de los locos en el poder. Y aunque un dicho reza que "el hombre sabio aprende de los errores de los demás", tal parece que la masa, la misma que toma decisiones en las pseudodemocracias, prefiere jugar a la ruleta rusa que aprender de los errores de la Historia.

Los casos más fantasmagóricos donde los locos han llegado al poder son bastantes en la actualidad. Pero los más dramáticos, quizá, son los ejemplos de Rusia y de Venezuela. Si Putin y sus delirios parecen estar lejanos y no preocuparnos en este continente americano, el mal del ilegítimo presidente venezolano Nicolás Maduro está a la vista de todos nosotros a diario, a cada hora de cada día.

Haciendo un paréntesis antes de que los amantes de las democracias y los *groupies* de este pitoniso —quien suele hablar con los pajaritos y contar los penes multiplicados— se indignen por lo de "ilegítimo", recordemos que Maduro llegó a la presidencia de la Venezuela sufrida con 50,61% de los votos contra el 49,12% de otro candidato, Henrique Capriles. Es decir, la "victoria" de Maduro por 1,49% cabe dentro del margen del error estadístico, lo que permite asegurar su ilegitimidad. Regresando a los trastornos mentales, es evidente que este político de procedencia indefinida —Nicolás Maduro—, sufre de uno de los más peligrosos para la sociedad: la paranoia.

La página web médica de mayor autoridad, MedlinePlus, describe la paranoia como "una afección de salud mental en la cual una persona tiene un patrón de desconfianza y recelos de los demás en forma prolongada", cuyos síntomas son (y juzguen ustedes mismos si es, o no, una imagen fiel de Maduro): preocupación porque los demás tienen motivos ocultos; expectativa de que serán explotados (usados) por otros; incapacidad para trabajar junto con otros; aislamiento social; desapego y hostilidad.

Lo más aberrante no es este trastorno en sí, sino el sujeto que está gobernando una nación a la que ya ha llevado a un callejón sin salida. Por supuesto que podemos hablar de tomos enteros de los delitos que ha cometido el susodicho y por los que en algún momento deberá ser procesado, mejor en la Corte Penal Internacional; sin embargo, considerando que el delincuente es un loco, surge la duda sobre su plena responsabilidad debido a que su condición mental le impide el buen uso del razonamiento. Dicho de otra manera: lo que lo guía son sus instintos y sus bajas pasiones.

En efecto, no existe ninguna explicación lógica sobre las acciones diarias de este "estadista" latinoamericano, el más espurio de las últimas décadas. Cómo explicar que el país que hace apenas 15 años era el mayor productor de energía eléctrica de Sudamérica ahora no es capaz de producir la electricidad. O nadie sabe explicar —de manera racional— cómo en el siglo XXI es posible que la gente no pueda limpiarse, ni siquiera con los periódicos que también son escasos. O que los ciudadanos del país, que otrora exportaba alimentos a la mayoría de los países del continente, ahora pasen gran parte de su tiempo en las colas por los alimentos racionados o, en caso de tener recursos, viajan a Aruba a hacer "el súper".

El delirio de persecución es típico entre los paranoicos, según la sintomática que mencionamos arriba. Y no le importa a Nico que todo el mundo civilizado ya se burle de sus "desarticulados planes de desestabilización", "golpes de Estado" y otras memeces. Eso sí, el enemigo, como es típico en los pacientes con paranoia, debe parecer real y hecho de carne y hueso. En este caso son los EE. UU., "los fascistas", etc.; en fin, nada nuevo.

Lo que podemos observar en Venezuela en la actualidad es una dictadura de las más viles y vulgares. El Estado de Derecho fue gravemente herido aún durante la época del "padre" de Nico, "el pajarito" golpista Hugo Chávez, y rematado por Maduro con la ilegal detención de Leopoldo López, Daniel Ceballos y Antonio Ledezma —por orden directa, no de un juez, como se hace en un país civilizado, sino del propio Maduro. Y, al fin, el Estado de Derecho recibió el tiro de gracia junto con el asesinato de los jóvenes durante las últimas manifestaciones contra las barbaridades del loco en el poder.

El tiempo de reírse de las estupideces de Maduro ya pasó. Ahora urge aislar al enfermo de la sociedad y de la gente civilizada, hasta por el bien del propio Maduro, aunque ya parece ser demasiado tarde. A Maduro y a Chávez les tomó 16 años destruir por completo no solo la economía, sino la sociedad venezolana y lo que queda de ellas; tomará muchos decenios recuperarlas.

LA MAFIA VENEZOLANA

Como es de costumbre los últimos años, los delirios del necrófilo venezolano principal, Nicolás Maduro (quien se acostumbra a andar meses con los cadáveres, hablar con los muertos y dormir sobre las tumbas), provocan más pena que gracia. A decir la verdad y poniéndose en los zapatos de los venezolanos, poca gracia ha de provocar este caricaturesco personaje caribeño.

Los últimos años presenciamos más ataques de la histeria de lo habitual. En su afán de tapar el sol con un dedo y manipular a los ingenuos europeos, Maduro, de boca de su embajada en Londres, mandó una carta a la cadena BBC, acusando - ¡cuándo no! – de mentirosos a los periodistas, a los políticos de oposición y a medio mundo, alegando "las afirmaciones tendenciosas e inexactitudes que suponen una injusta y excesivamente negativa representación del Gobierno Bolivariano".

No sé de los ingleses, si lo han tragado o no, pero a los venezolanos que a diario pasan las penurias "revolucionarias" y a los que vivimos en la vecindad, en América Latina, no se nos puede engañar tan fácil con estos mamarrachos epistolares dirigidos a los medios de comunicación europeos.

Bueno, dejemos en la conciencia de estos diplomáticos "bolivarianos" de pacotilla con su conciencia, pero nadie puede olvidar a los centenares de detenidos por órdenes directas de Maduro, los juicios arbitrarios fuera de cualquier legalidad y ni hablar de los vestigios de la otrora prosperidad económica venezolana. Volviendo a las histerias de Maduro: ya a nadie le sorprenden las pataletas del busero y sus gritos injuriosos hacia los EE. UU. El 28 de febrero pasado su nivel de espumosidad bucal sobrepasó los límites de lo normal cuando anunció que a partir de ese momento los estadounidenses necesitaban solicitar el visado para ingresar a Venezuela. Aunque Venezuela está en su derecho de imponer las visas a los países que desee e, incluso, prohibir la entrada a quien decida, pero este griterío de Maduro recordó el ladrido de un chihuahua a un elefante.

En primer lugar, y Maduro con su séquito diplomático-propagandístico lo evita mencionar, los EE. UU. han sido, son y serán a mediano plazo el socio comercial número uno de Venezuela, mientras que la importancia de este sufrido país caribeño para la economía estadounidense en bastante mísera, por no llamarla insignificante. Venezuela no entra siquiera entre los 10 socios comerciales principales de los EE. UU.

Además, existe en Latinoamérica en general y en Venezuela en particular, sobre todo entre los burócratas y los que por gracia de destino llegan al poder, abrir sus cuentas bancarias en los bancos de tan odiados EE. UU. e invertir en las propiedades de tan despreciables Miami, Los Ángeles o Nueva York. Seguro, lo hacen con todo el asco del mundo. Y este "patriotismo financiero y económico" es el talón de Aquiles de la cúpula socialista venezolana.

Es por eso que Maduro echa espuma por la boca cuando los EE. UU. imponen el embargo y sanciones a los funcionarios venezolanos. La verdad, qué cómo amar la patria y a Chávez teniendo los millones en los bancos más seguros del mundo e invertidos en la economía más grande y próspera del mundo. ¡Vaya patriotismo!

Dicho sea de paso, Maduro y sus "revolucionarios" no son los únicos patriotas-baratijas. La íntima de Maduro,

Cristina Fernández, educó tan bien a su hija en materia de inversiones que esta se fue por lo seguro: propiedades en Nueva York. Correa estudió economía (o "estudió", mejor dicho) en los EE. UU., y no con los recursos propios. Los castristas también aman su patria desde los lujos...

En los propios EE. UU. el anuncio de que los *yankees* ya no podrán ir de *shopping* a Caracas sin pedir visa provocó carcajadas. Exactamente lo mismo sucedió cuando Putin impuso "sanciones" a los EE. UU. y creó una "lista negra" de los funcionarios gringos a quienes vetó la entrada en Rusia y a sus paradisíacos balnearios (lo digo con sarcasmo, por supuesto).

Sin embargo, lejos de las risas, la razón de esta medida de Maduro se va más allá. Parece que la verdadera razón no es morder a los estadounidenses – al fin, Maduro y sus asesores saben lo ridículo que sería esto – sino prohibir la entrada a los venezolanos que en su momento migraron la norte. Otra vez acciona contra sus propios ciudadanos, típico de los dictadorzuelos.

Los presidentes estadounidenses Barack Obama y su sucesor Donald Trump impusieron más sanciones a más burócratas venezolanos (pues sí, que guarden su dinero en su amada patria revolucionaria) y declararon Venezuela como una amenaza para la seguridad nacional.

A pesar de que es obvio que son sanciones a unas cuantas personas particulares, a sus cuentas y sus bienes, otra vez Maduro tiembla anunciando que los EE. UU. destruyen la economía de Venezuela. Recordando que los EE. UU. es el socio comercial principal de Venezuela, se puede afirmar (y esperar que así sea) que el gobierno corrupto y mafioso de Maduro ahora de verdad está en la cuerda floja.

MADURO NO SE IRÁ.
ANATOMÍA DEL TOTALITARISMO

Las torpes pataletas que el ilegítimo presidente venezolano Nicolás Maduro sigue dando desde el primer día en el poder se hacen cada vez más salvajes y fuera de cualquier contexto de la realidad. La pérdida de la mayoría en el parlamento del país y el intento del referéndum revocatorio, convocado por los diputados, despertaron la bestia. No nos engañemos: este zafio no se irá. Ni por las buenas, ni por las malas.

Ya conocemos la historia. No ha habido un solo dictador en la modernidad que haya dejado el poder por voluntad ajena a sus ansias del absolutismo. En el mejor caso – mejor para ellos - tales personajes espurios murieron estando en el poder, bien por causas naturales bien suicidándose: Hitler, Stalin y toda la manada de la nomenclatura decrépita que le siguió, Castro y uno que otro dictador más. En el peor caso – peor para ellos – fueron derrocados y linchados o asesinados: Mussolini, Pol Pot, Doe, Ceauşescu y otros.

Queda un tercer grupo, que sigue aferrándose al poder, pasándose por el forro no solo sus respectivas Constituciones de sus países sino todo el sentido común y su propio bienestar mental: Putin en Rusia, Lukashenko en Bielorrusia, Nazarbayev en Kazajistán, Mugabe en Zimbabue, los Ortega en Nicaragua, los Castro en Cuba, Morales en Bolivia y Maduro en la vecindad. Vaya grupito. Y, por cierto, todos son "colegas" entre sí, apoyándose, echándose flores y vociferando al unísono las memeces sobre "el imperio enemigo", "nos quieren hundir", "la masa nos ama" y "somos gobiernos democráticos". De verdad, dime de qué presumes… Ya sabemos que todos ellos han cambiado sus

Constituciones para poder perpetuarse en el poder. Todos ellos tienen en sus manos las Cortes Supremas y los parlamentos. Es la razón del ataque de rabia de Maduro cuando, seguro de sí mismo y de sus "capacidades", por descuidó perdió la mayoría de los diputados de la Asamblea Nacional, y comenzó con su habitual *show* pseudojurídico.

Al igual que todos dictadores de este último grupo, Maduro se agarra del poder victimizándose y creando enemigos aun donde no los hay. Le importa demasiado ser el centro de atención. Recordemos el último circo politiquero con la presidencia de UNASUR cuando, cual un niño berrinchudo, Maduro llegó a asegurar que "entrará por la ventana" si lo echan por la puerta. Y así trató de hacer enviando a su bufona cortesana Delcy Rodríguez a Buenos Aires a protagonizar una obra caricaturesca lamentable e insólita en la historia de la diplomacia mundial. Pero, por lo menos, estuvo en el centro de atención mundial por un tiempo. Es lo que pretendía.

Ya demasiado se ha dicho y se ha escrito sobre las patanadas de Maduro, de que debe irse por las buenas antes de que ocurra una tragedia y lo veamos hacer el papel de Mussolini en alguna plaza central de algún pueblo remoto de Venezuela.

El fallido intento del revocatorio el año pasado y la declaración del abandono del cargo recién hecha por la Asamblea Nacional – declaración apoyada por el artículo 233 de la Constitución venezolana que dice "*Serán faltas absolutas del Presidente o Presidenta de la República: su muerte, su renuncia, o su destitución decretada por sentencia del Tribunal Supremo de Justicia, su incapacidad física o mental permanente certificada por una junta médica designada por el Tribunal Supremo de Justicia y con aprobación de la Asamblea Nacional, el abandono del cargo, declarado como tal por la Asamblea Nacional, así como la revocación popular de su mandato"* – nada de ello surtirá efecto dentro de la situación del actuar ilegal de Maduro, donde se detiene a los diputados y alcaldes, donde un ministro, quien debe ser completamente fuera de cualquier ideología y estar al servicio de la defensa nacional, declara amenazas a sus ciudadanos y es apoyado por Maduro y por los tribunales de pacotilla.

Demasiado acorralado está el busero para comprender que, si pierde, acabará en el banquillo de los acusados de donde, con toda seguridad, será enviado preso. Es la misma situación de un lobo salvaje quien, atrapado, ya no pierde absolutamente nada en la vida si saca los dientes y las garras y sigue matando hasta que acaban con él.

Desgraciadamente, la única conclusión a la que podemos llegar es que no, Maduro con sus sandeces sobre una efímera revolución y el inexistente "socialismo" no dejará el poder mientras esté vivo. Y por más que pierda las elecciones o referendos, más salvaje se va a poner. La historia ya nos lo ha enseñado: los dictadores no se van por las buenas.

GUATEMALA:
LA OTRA GUERRA

LA OTRA GUERRA EN
LA GUATEMALA DE POSGUERRA

El caso de los nefastos resultados de la "paz" guatemalteca debe servir de ejemplo a los países latinoamericanos, hostigados por las guerrillas rojas que intentan legalizarse a toda costa. Los únicos objetivos de los terroristas guatemaltecos, salvadoreños, colombianos, mexicanos, peruanos y de otros países han sido llegar al poder para vengarse del propio Estado y sus fuerzas de seguridad y, de paso, lucrar con la desgracia humana que los mismos terroristas han sembrado.

En Guatemala en 1996 se firmaron los Acuerdos de Paz bajo las condiciones chantajistas de la guerrilla. Los países europeos, siendo garantes de estos acuerdos, insistieron en la creación de las organizaciones no gubernamentales (ONG) dedicadas a la protección de los derechos humanos —organizaciones no auditables y no fiscalizables— y se comprometieron a mantenerlas económicamente a través de las donaciones.

Así, la "defensa de los derechos humanos" se ha convertido en un negocio en este país, pero un negocio exclusivo de los exguerrilleros terroristas. Sin embargo, escondiéndose bajo la piel de los "defensores" y percibiendo millones de euros del dinero ajeno, los activistas de ONG siguen sembrando el terror entre la población y continúan destruyendo la propiedad pública y privada.

Desde principios de los años 90 los exguerrilleros han conseguido espacios en el Gobierno y en la prensa nacional: entraron en la Comisión de Esclarecimiento Histórico (CEH) y otras organizaciones semejantes que "contabilizaron" sin ningún rigor estadístico — o por lo menos hasta la fecha no lo han presentado — las 200.000 y pico víctimas de la guerra civil, lo que horrorizó al mundo.

La información sesgada sobre Guatemala les ayuda hasta la fecha a provocar más pena y lástima en la opinión pública internacional, por lo que los ahora "defensores de los DDHH" — los mismos terroristas de la época del conflicto — han logrado donaciones astronómicas. Por ejemplo, entre 2007 y 2013, el Gobierno y ONG han recibido más de €135 millones de parte de la Unión Europea, entre otras donaciones.

Claro que el enfoque mediático principal de la exguerrilla es la comunidad internacional. Las ONG, al sembrar el terror y al perpetuar crímenes en Guatemala, crean la imagen de la violencia desmedida y la violación de los derechos humanos y con eso logran su objetivo: formar la opinión pública internacional, arraigar las imágenes de la miseria en Guatemala en la mente del público de allá y asociar la palabra "Guatemala" con los conceptos de injusticia, irrespeto a los derechos humanos y delincuencia en general. Todo ello permite aumentar el flujo de las donaciones.

El caso más sonado en el siglo XXI es el acto terrorista en el municipio de San Juan Sacatepéquez, a escasos kilómetros de la capital guatemalteca. El 19 de septiembre del 2014 en el lugar fueron masacradas 11 personas (todos ellos campesinos indígenas). Se supo desde el momento del crimen quiénes son los responsables: los mismo que se escudan bajo el falso título de los "defensores de los derechos humanos" – concretamente el Comité de Unidad Campesina (CUC) encabezado por exguerrillero y beneficiario de las donaciones internacionales, Daniel Pascual.

El mismo CUC que quemó la Embajada de España en 1980 con múltiples víctimas mortales. El mismo CUC que ahora es mantenido con el dinero proveniente de España y otros países europeos —o, mejor dicho, con el dinero de los contribuyentes españoles y europeos. Los asesinados de la manera más brutal del pasado 19 de septiembre eran miembros de las familias que trabajaban en la construcción de una planta cementera en la aldea y conformaban un comité de las víctimas del terrorismo causado por las ONG.

El CUC y demás ONG se ensañan contra las empresas (cementeras, hidroeléctricas, mineras) y contra sus trabajadores, que operan en el país llevando el progreso, generando empleo, construyendo escuelas y centros comunitarios, capacitando a los trabajadores y a los vecinos de los lugares donde construyen sus plantas. Sin embargo, a los "defensores de los DD.HH". Les provoca rabia y odio la prosperidad ajena porque sería el fin de sus negocios lucrativos de las donaciones internacionales.

No obstante, hay esperanzas de que todo esto no suceda en los demás países que deben tomar en cuenta todos los errores cometidos en el proceso de la mal llamada "paz" en Guatemala. La comunidad internacional, sobre todo los donantes europeos de las organizaciones guatemaltecas deben estar conscientes de que están financiando el crimen organizado y el terrorismo legalizado que van a seguir sucediendo mientras exista este financiamiento.

Al fin, los ciudadanos europeos tienen que exigir a sus Gobiernos la rendición de cuentas del gasto de sus propios impuestos.

EL TERRORISMO MEDIÁTICO
DE LA GUERRILLA GUATEMALTECA

En 1996 se firmaron los Acuerdos de Paz. Para los principios de la década de 1990 el conflicto armado se había agotado, pero la guerrilla, consciente de su inminente fracaso y falta de apoyo de la población, pasó a otros terrenos: el terrorismo mediático y académico por el camino de la propaganda bien trazado. Así, en 1985 a la guerrilla guatemalteca – a los que estaban en la clandestinidad en el país y a los "refugiados" en México y en Costa Rica – se le ocurre una manera más cómoda y legal de chupar del bote por un lado y entrar en las esferas de la manipulación para formar la opinión pública que les favoreciera, por el otro: la creación de la sede de alguna multinacional.

La condición principal fue que esta multinacional tuviera respaldo de alguna organización mundial (la ONU, por ejemplo) y funcionara con las finanzas públicas pero que el gobierno no pudiera intervenir en ella. Y, de ser posible, que esta multinacional tuviera acceso directo al proceso formativo de los guatemaltecos, es decir, a la educación. La mejor manera para satisfacer esta urgencia guerrillera fue aliarse a la Facultad Latinoamericana de Ciencias Sociales (FLACSO) que ya operaba en distintos países del hemisferio con el mandato de la UNESCO, con convenios de adhesión firmados por los gobiernos y con los recursos públicos y centralizados: a través de los ministerios de relaciones exteriores de cada país y ratificados por los parlamentos locales. Y lo mejor aún, ¡los funcionarios de la FLACSO, según el acuerdo sobre privilegios e inmunidades, gozan de inmunidad diplomática en todo el mundo!

La FLACSO se convierte en un reducto de la exguerrilla —basta ver el claustro— con su metodología: "El marco teórico metodológico que ha servido como base fundante de las diversas publicaciones parte de lo legado por el marxismo".

El país se llena de doctores en antropología, exguerrilleros y manipulados por ellos, becados por los países extranjeros, quienes participan activamente en la preparación de los libros de texto, ocupan cátedras en las universidades. Y llenan las estanterías de las librerías, más extranjeras que nacionales, con una exagerada producción "investigativa" publicada con fondos públicos nacionales y de los gobiernos-facilitadores.

Ahora bien, le invito al lector a hacer una pequeña prueba. Hágales a sus amigos, colegas, hijos, sirvienta, chófer, guardaespaldas, conocidos, desconocidos, reconocidos o a quien considere necesario, dos sencillas preguntas: ¿conoce la FLACSO? y ¿conoce la USAC? Preguntas sencillas, sin trampas lógicas. Y es seguro que 9 de 10 de sus respondientes dirán "no" a la primera pregunta y 10 de 10 contestarán "obvio que sí" a la segunda. Ambas instituciones, la FLACSO y la USAC, viven del dinero público. Mientras que la segunda es estatal, según la Constitución de Guatemala, y la primera resulta ser un disparate jurídico y académico.

La USAC, con todos sus defectos, es una Universidad necesaria para el país, su valor y sus aportaciones en los ámbitos económico, social, político y, sobre todo, académico, es incalculable. ¿Qué haría la gran parte de la población sin los bufetes jurídicos populares totalmente gratuitos? ¿Qué sería Guatemala sin los médicos sancarlistas? Y ni hablar de toda la investigación científica que se traduce en el motor del desarrollo económico en muchas áreas del país.

La FLACSO es, en cambio, un agujero negro de los recursos públicos, de los impuestos que pagamos no solo los que vivimos en Guatemala sino también los "donantes" extranjeros. Por ejemplo, según el Gobierno de Suecia, este país le donó a la FLACSO para el período 2013-2015 un equivalente de 17 millones de quetzales. Dinero ajeno, gasto propio.

Si usted cree que estudiar en la FLACSO es gratis, está muy equivocado. Si cree que lleva las medicinas, construye casas o elabora los planes de negocios para la gente más necesitada, se equivoca más todavía. Produce "científicos sociales", publica una cantidad enorme de las "investigaciones" de las que la mayoría, durante los 27 años, han pasado desapercibidos para la sociedad. Todo ello sería respetable con un gran "pero": que la FLACSO lo haga con el dinero privado, con los recursos no sacados de los bolsillos de los guatemaltecos sin que estos se lo permitan. Lo más absurdo: intentar luchar contra el estado con los recursos del propio estado, lo que hace esta organización.

Hasta el más sordo y ciego sabe que donde se mueven las finanzas públicas, allí florece la corrupción y el pillaje. Los problemas con las propiedades, inversiones que provocan las dudas, los problemas administrativos con el gobierno que mantiene a esta institución… Lo típico de un changarro que gasta lo que no ha ganado. Y, por cierto, lo que nunca ha ocurrido en ninguna de las 12 universidades privadas.

Viendo algunos nombres de los funcionarios de la FLACSO, surgen muchas dudas. Por ejemplo, allí está un "académico" que hace unos años, siendo un burócrata del gobierno (por supuesto), habría participado en el saqueo de los bienes público.

Según la prensa, el funcionario habría obligado a uno de sus subalternos a mentir en una denuncia del robo de un vehículo estatal. Este subalterno dijo que le habían robado el carro a él, cuando en realidad fue a la esposa del burócrata quien ni siquiera tenía derecho por ley de utilizar la propiedad del estado.

Si las cosas se hicieran ben, el gobierno de Guatemala debería derogar el acuerdo de adhesión a la FLACSO. Al fin y al cabo, estos recursos que Guatemala aporta a través de la UNESCO y el Ministerio de Relaciones Exteriores a la multinacional, bien podrían servir para crear becas de estudio para los jóvenes talentosos, bien para apoyar, por ejemplo, la estatal Editorial Cultura. Hay muchas maneras de gastar estos recursos con provecho para los guatemaltecos. El eufemismo más acertado que se me ocurre para el reducto de la guerrilla es "los amantes de lo ajeno" – nunca mejor dicho. En sus entrevistas los guerrilleros han admitido que el Nobel para Rigoberta Menchú era una estrategia: los recursos para la insurgencia. Aunque la agraciada traicionó a todos: a la comunista venezolana Elizabeth Burgos, quien es la verdadera autora del libro *Me llamo Rigoberta Menchú así me nació la conciencia*; a los propios promotores, quienes no lograron que Menchú destinara el premio a la guerrilla; a sus paisanos, que no han visto ninguna mejora en sus pueblos, pero el Nobel le abrió las puertas mediáticas. Ella es la figura idónea para la opinión pública internacional.

De manera astuta los guerrilleros que negociaron la paz crearon artículos de amnistía en la Ley de Reconciliación Nacional que les favorece a ellos, pero crea un vasto campo de la venganza contra el Ejército. Pasados cuatro años de "amnistía", los subversivos emprenden en el 2000 la primera ofensiva penal en las cortes de España que fue rechazada, no obstante, el objetivo fue logrado: la opinión pública internacional fue formada, las imágenes de los horrores del conflicto presentadas por Menchú en la prensa internacional se arraigaron en las mentes del público y la palabra Guatemala se asoció con los conceptos de injusticia, violaciones a los derechos humanos y guerra.

Se crean las ONG con la inagotable ayuda económica internacional no fiscalizada por ningún órgano de ningún Estado. Desde los principios de la década de 1990 los exguerrilleros han conseguido espacios en los gobiernos y en la prensa nacional, entraron en la Comisión de Esclarecimiento Histórico (CEH) y otras organizaciones semejantes que "contabilizaron" sin ningún rigor estadístico (o hasta la fecha no lo han presentado) 200 y pico mil víctimas del conflicto, lo que horrorizó el mundo. La información sesgada sobre Guatemala, que vino desde el extranjero —y así, "la más objetiva"—, dominó la mente del público guatemalteco, en su mayoría joven e idealista. A partir del 2005 aparece un sinnúmero de los columnistas exguerrilleros y afines en la prensa que exigen castigar a los "genocidas", repiten los sofismas sobre "racismo", "discriminación", etc.

El terrorismo mediático se fundamenta en el primer principio de la percepción humana bien conocido: la primera información que recibe el destinatario es la más fuerte y quedará en la mente por siempre. Y no se puede olvidar el famoso aforismo de Goebbels: la mentira repetida mil veces se convierte en la verdad, que se ha convertido en el lema de la guerrilla no dispuesta a perder.

La culebra en la corbata
de los buitres de Guatemala[1]

En el reino animal una de las criaturas más deleznables es buitre. Tiene varias características principales: es un ave carroñera, que gusta de sus propias heces y demás desechos de su cuerpo; es de gran tamaño por la cantidad de porquerías que consume y vuela muy alto para así vislumbrar los cadáveres que consume. En resumen: es inmundo y sobrevive aprovechándose de los demás.

Los humanos, que tenemos la capacidad de inventar metáforas, solemos llamar buitres a las personas con las mismas características que el ave de carroña. En las sociedades de las que provengo por mis padres (rusa y austríaca), el buitre se asocia con los delincuentes (¡qué casualidad!), a los que violan los derechos de los demás.

Por las desgracias históricas y sociales, en Guatemala sucede al revés. Los buitres son la gente que se autodenomina "defensores de los derechos humanos", los parásitos de la sociedad que no aportan nada positivo al desarrollo del país, sino lo frenan; ni tampoco pagan impuestos y viven del dinero ajeno. Incluso su adorado gurú del "quitar y regalar" Carlos Marx a los semejantes parásitos los llamó en alemán muy acertadamente Lumpen ("gentuza"), a la par de las prostitutas y criminales. Vamos a llamar las co-

---

[1] La primera parte del título de este ensayo hace referencia al libro de Teresa Bolaños de Zarco donde se describe el actuar de los terroristas en los procesos previos a la firma de los Acuerdos de Paz en Guatemala en los años 80.

sas por su nombre. Son buitres. Comenzando por las ruidosas y nefastas oenegés de los mal llamados derechos humanos (CALDH, Calas, GAM y un largo etcétera de los nidos de los vividores) e incluyendo al mediocre procurador de los DDHH Jorge de León Duque. Pregúntese: ¿qué han aportado ellos al desarrollo de Guatemala? ¿De verdad tanto se violan los derechos humanos – que solo el estado puede violar – para que alrededor de 100 organizaciones no gubernamentales las defiendan? ¿Cuándo en realidad estas oenegés han defendido los derechos humanos? Y, las preguntas que más intrigan: ¿de qué dinero viven estas organizaciones y pagarán ellas impuestos? Las respuestas son obvias y ninguna es afirmativa.

Ya se ha venido advirtiendo desde hace años sobre las estrategias de la guerrilla derrotada que, como se sabe en Guatemala, ahora se viste con piel de los "defensores…". Se saben sus movidas y sus técnicas arteras de seguir hundiendo el país en la miseria, lo que les ayudaría a conseguir la venganza y, de paso, para enriquecerse.

Dos casos más emblemáticos que demuestran el pavor que tienen los buitres ante la verdad y las ansias desmedidas de su venganza son las acciones contra la Fundación Contra el Terrorismo (FCT) y contra su fundador Ricardo Méndez Ruiz. Es clave el hecho de que tanto todos los miembros de la FCT como el propio señor Méndez Ruiz son empresarios, intelectuales o simplemente trabajadores que religiosamente pagan los impuestos en Guatemala. Los mismos impuestos con los que el Estado mantiene a los buitres.

En agosto del 2013 la Procuraduría de los DDHH, encabezada por Jorge de León, a solicitud de toda la horda de los "defensores..." hizo un ridículo impresionante, ignominioso para una entidad tan importante como esta procuraduría y, por consiguiente, para Guatemala, al emitir un mamarracho completamente ilegal donde comunica que la FCT y personalmente el señor Méndez Ruiz... violan los derechos humanos de varias oenegés y de sus miembros.

¡Qué vergüenza de este esperpento de decisión del procurador! Hasta los colegiales saben que los derechos humanos pueden ser violados exclusivamente por el Estado. Pero recordemos de que De León es un abogado graduado. Y lo más ilegal hasta aberrante para un procurador de los DDHH: le "prohíbe" al señor Méndez Ruiz seguir mencionando a los aludidos en sus columnas de opinión.

Curiosamente, la lista de los "violados" que solicitaron que la FCT y Ricardo Méndez Ruiz ya no los molestara ni cuestionara sus manipulaciones, la procedencia de sus fondos y sus actuaciones ilegales está conformada casi por completo por los (ex)terroristas demandados un tiempo antes por Ricardo Méndez Ruiz por delito del secuestro... Los vividores quienes todos, curiosamente, salieron de las filas del fascismo guerrillero – terrorismo, si llamamos las cosas por su nombre. Y, según la teoría de su gurú Carlos Marx, en cualquier sociedad son los más despreciables precisamente por improductivos y estafadores. Lo que en todo el mundo se llama "la carga pesada para la sociedad" por vivir del dinero público y ajeno. Esta gente – nomenclatura fracasada – ha logrado infiltrarse no solo en los órganos de gobierno a todos los niveles, sino ocupar los altos cargos en la Procuraduría de los Derechos Humanos.

Pues, ocupando estos cargos, se les olvidó de que también hay que tener algo del sentido común para no hacer el ridículo. El mismo ridículo que hizo el procurador Jorge de León al prestarse a los juegos sucios de la jauría de los exguerrilleros cuando emitió una "sentencia" absolutamente ilegal y fuera de la competencia de los Derechos Humanos contra la Fundación Contra el Terrorismo, presidida por Ricardo Méndez Ruiz.

Pues bien, como sabemos, los guerrilleros vestidos con piel de "defensores de los DD. HH" desde hace un par de años han emprendido una ofensiva bien orquestada, victimizándose en sus divagaciones tanto en la prensa nacional como la internacional, donde se quejan de "las persecuciones" y lloriquean por la falta de la libertad de expresión. Es de notar que lo hacen todos los días precisamente en los espacios públicos de opinión. Tiran la piedra y esconden la mano.

En sus contradicciones y constantes faltas de razonamiento han llegado a tal grado de enajenación mental que cualquier opinión en contra de ellos o a cualquier persona quien recuerda sus delitos durante el conflicto armado los declaran como "amenazas a su vida". Tal es el caso de varios columnistas y ciudadanos quienes denunciaron a los terroristas por los asesinatos y secuestros cometidos durante aquella obscura época de la historia chapina. La realidad y la verdad son únicas. Y son obvias en estas circunstancias. Mientras exista este negocio más que redondo de los "derechos humanos", incluyendo las míticas fundaciones, asociaciones y otras manadas de los buitres, seguirá existiendo la victimización gracias a la que consiguen mantenerse a flote. En la teoría de la manipulación mediática es bien sabida esta estrategia de crear el enemigo y hacer creer al público – y a los financistas – que son víctimas de este enemigo. Sin tener al enemigo y sin ser víctimas, simplemente no sobrevivirán porque de trabajar honradamente saben poco o nada.

LOS INTERESES DETRÁS DEL JUICIO SOBRE LA MATANZA EN LA EMBAJADA ESPAÑOLA EN 1980

El 1 de octubre del 2015 en la Ciudad de Guatemala inició el juicio contra el jefe de un comando de la Policía Nacional, Pedro García Arredondo, acusado de "masacre" y "quema" de la embajada de España el 31 de enero de 1980. El juicio, como era de esperarse, se ha convertido en un *show* mediático con actuación estelar de la destacada actriz y escritora guatemalteca Rigoberta Menchú Tum, quien, por sus capacidades teatrales y literarias, fue galardonada con el Premio Nobel de la Paz en 1992.

Resumamos los hechos para los lectores que no están al tanto de lo sucedido en aquel evento. El 31 de enero de 1980, año del conflicto armado interno entre los guerrilleros marxistas y las fuerzas del Estado, un grupo de unos 30 "pacíficos" campesinos y estudiantes del departamento de El Quiché, armados con machetes y bombas molotov, irrumpió en la embajada española en la capital guatemalteca para "llamar la atención del mundo sobre las barbaridades que se cometían en el país".

Estos guerrilleros, todos representantes del Comité de Unidad Campesina (CUC) y encabezados por el comandante Vicente Menchú –padre de la actriz guatemalteca más famosa–, muy pacíficamente tomaron como rehenes al personal de la embajada y las personas que se encontraban allí. Muy por casualidad –demasiada para mi gusto– estaban reunidos con el embajador español Máximo Cajal varios importantes políticos guatemaltecos: el exvicepresidente Eduardo Cáceres Lehnoff, el excanciller Adolfo Molina Orantes y el abogado Mario Aguirre Godoy. Todos ellos fueron convocados por Cajal para esta fecha y esta misma hora a la embajada. Muy por casualidad también, unos días antes el embajador Cajal había visitado El Quiché, donde se había reunido con los guerrilleros del CUC y con el comandante guerrillero Gustavo Meoño, quien "casualmente" ahora está a cargo del Archivo de la Policía Nacional Civil.

El día del evento, 31 de enero, la secretaria de Cajal llamó insistentemente a los tres políticos guatemaltecos para recordarles de la reunión y pedir que llegaran puntuales. Al tomar a los rehenes, los "pacíficos" los amenazaron y se encerraron con ellos en la embajada.

El embajador Cajal, al permitir el acceso de los terroristas –en Guatemala, como en cualquier parte del mundo, las personas que cometen delitos de secuestro y asesinatos masivos son considerados terroristas– violó el artículo 41 de la Convención de Viena sobre Relaciones Diplomáticas y así se convirtió en uno de ellos. Por otro lado, el mismo Cajal prohibió a la policía guatemalteca entrar al inmueble español para que liberara a los rehenes. Todo esto pasaba ante los ojos de los transeúntes y curiosos que estaban en el lugar de los hechos en el momento del secuestro de la embajada.

Sin embargo, la policía desobedeció la prohibición de Cajal e intentó penetrar en el edificio, de donde recibían constantes llamadas telefónicas de los rehenes para pedir auxilio. Los policías antimotines avanzaron, rompieron la puerta del despacho del embajador –donde estaban reunidos los terroristas armados con bombas molotov y adonde llevaron a los rehenes– y dispararon. Las bombas comenzaron a explotar, lo que provocó un incendio con el saldo de 37 muertos (todos calcinados). De los que estaban en aquel salón, sólo se salvaron el propio embajador

Cajal –demasiada casualidad para mi gusto– y un campesino que, dos días después, fue secuestrado del hospital y asesinado por unos desconocidos.

Le recomiendo al lector un análisis serio realizado por el veterano periodista y exdiplomático guatemalteco Jorge Palmieri sobre todo lo sucedido. La opinión de Palmieri se basa no sólo en el análisis de la prensa de aquella época, tanto guatemalteca como española, sino también en sus propias observaciones ya que él fue testigo de los hechos al llegar a la embajada española.

Por supuesto que la guerrilla guatemalteca siempre ha insistido en que todo lo sucedido es la culpa de las fuerzas de seguridad del Estado. Era más que evidente que en algún momento los terroristas, derrocados en el conflicto armado, cambiarían las armas por otros medios y buscarían la venganza.

Después de la firma de los Acuerdo de Paz en 1996, Rigoberta Menchú intentaba éxito llevar su venganza a los tribunales europeos. No obstante, sus solicitudes fueron rechazadas. Con esta apertura del juicio en Guatemala, los exguerrilleros comprueban una vez más que no están dispuestos a afrontar la verdad y que el negocio de la miseria de su propio país es más importante para ellos.

Las patéticas imágenes de Rigoberta Menchú llorando con lágrimas de cocodrilo en el juicio por querer "cerrar un capítulo de 34 años" podrían convencer a los ingenuos e ignorantes. O a los interesados en el negocio de la venganza guerrillera.

GUATEMALA Y FRANCIA
HERMANADAS EN EL TERRORISMO

El año 2015 inició como pocos en este siglo: muchas noticias desagradables desde las primeras semanas. Dos eventos importantes son, quizás, los que más atención llamaron en el mundo entero.

Curiosamente, ambos están relacionados: el 5 de enero se reinició el juicio contra los generales Efraín Ríos Montt y José Rodríguez Sánchez, acusados por el "genocidio" en Guatemala. El 7 de enero, en París, tres terroristas de Al-Qaeda atacaron la redacción del semanario de mofas Charlie Hebdo, antes desconocido para la mayor parte de la población mundial, y una tienda judía en las afueras de la capital francesa. En París perecieron 16 personas, entre los periodistas de la revista, policías y los rehenes de la tienda.

¿Qué tienen en común estos dos eventos? La respuesta es: "el terrorismo". Todo el mundo se ha solidarizado con Francia. Los pocos personajes públicos que se han burlado de las víctimas de los actos terroristas en Francia, o han mostrado el apoyo a los asesinos, son penalmente perseguidos —aunque no en todo el mundo.

Vimos la multitudinaria marcha parisina contra el terrorismo, encabezada por varios líderes mundiales. Y, dicho sea de paso, la marcha, al final, se convirtió en otro *show* mediático, al participar en ella los que hasta han sido considerados líderes del terrorismo mundial —como es el caso del presidente de la Autoridad Palestina, Mahmoud Abbas.

Independientemente de que el semanario atacado fuera un pasquín de dudosa calidad —apegado a lo que se podría llamarse "libertinaje de expresión"— nada puede justificar la masacre sucedida en sus instalaciones. Y la gente, independientemente de su ideología, religión y estatus político y social, no puede menos que condenar y reprobar la barbarie terrorista. O al menos así parece ser. Pero resulta que así no es.

El ejemplo de la doble moral de muchas personas, sobre todo, de muchos políticos, lo vemos en Guatemala en dos casos judiciales emblemáticos: uno, el juicio ya mencionado —por "genocidio" que nunca existió ni en teoría.

Los exguerrilleros guatemaltecos, miembros de las organizaciones URNG, ORPA, FAR, CUC y otras, ahora vestidos de "defensores y defensoras de los derechos humanos", y todos dueños de jugosos negocios de las ONG (mantenidas financieramente por los Gobiernos de Noruega, Unión Europea, Estados Unidos y Canadá), en su sed de venganza personal, han iniciado el nuevo terrorismo, esta vez mediático, amparándose en la Ley de Reconciliación Nacional que no prevé amnistía, precisamente, para los posibles casos de genocidio. Sin embargo, hasta el cansancio se ha hablado de que lo sucedido en Guatemala en los años del Conflicto Armado no puede calificarse de genocidio. Además, la Ley de Reconciliación Nacional no prevé la amnistía por delitos de lesa humanidad (secuestro, asesinato y tortura), eventos por los que la mayoría de estos ahora "defensores de los DDHH" están demandados por sus víctimas, sin que hasta ahora se haya llevado a cabo ninguna de estas denuncias penales.

El segundo caso es la fase final del juicio por la quema de la Embajada de España en 1980, evento jurídico que fue previsto para el 19 de enero 2015. El único acusado es el exjefe de la Policía, Pedro García Arredondo; y sus acusadores son, ¡qué casualidad!, los mismos que quemaron vivas a 37 personas en aquel acto terrorista el 31 de enero del 1980.

¿Dónde están la comunidad internacional, los activistas, periodistas y políticos que tanto han mostrado su apoyo a las víctimas del terrorismo en Francia? ¿Por qué, hasta ahora, no han condenado a los autores de aquella masacre en la embajada española y a los terroristas-guerrilleros que la ocuparon con armas y botellas con gasolina, y secuestraron a todas las personas que se encontraban allí, incluyendo a varios políticos renombrados que a traición fueron por el embajador español? En realidad, no existe ninguna diferencia entre el terrorismo de los fanáticos yihaddistas en Europa, y el de los guerrilleros guatemaltecos o colombianos.

LA CICIG: MUCHO RUIDO Y POCAS NUECES ...

El 27 de agosto del 2017 el exprocurador antioqueño Iván Velásquez volvió a ser noticia en la prensa mundial por ser declarado persona non grata por el presidente de Guatemala Jimmy Morales. Velásquez, al que en Colombia muchos recuerdan como un personaje de lo más nefasto – defensor encubierto de los terroristas de las FARC y el ELN quien tuvo que huir de Colombia a causa del "expediente alcantarilla", - mientras que otros tantos lo recuerdan como "luchador contra la parapolítica" colombiana, desde octubre del 2013 funge como jefe de la Comisión Internacional contra la Impunidad en Guatemala (CICIG).

La prensa mundial, en su mayoría, malinforma a su público – que a veces ni siquiera tiene la idea de dónde queda Guatemala – asegurando que la decisión del presidente guatemalteco de expulsar a Velásquez tiene el rechazo de toda la sociedad guatemalteca y la resolución de la Corte de Constitucionalidad de declarar la nulidad de esta decisión presidencial goza del apoyo total de la población y de opinión pública. Con esta mentira los medios de comunicación caen en la trampa tendida por un grupo de comunicadores y políticos guatemaltecos quienes hacen creer que tanto la CICIG como su comisionado no solo son apoyados por los guatemaltecos, sino que son la panacea contra la grave enfermedad que achaca el país: la corrupción. La CICIG fue creada y ratificada hace 10 años, en agosto del 2007, por un acuerdo entre las Naciones Unidas y el Congreso de Guatemala, con el beneplácito de la presidencia de la república centroamericana, y funciona con los fondos de los países "donantes" (principalmente la Unión Europea y los EE.UU) con los

ÚNICOS tres objetivos, establecidos en el Acuerdo en la ONU y Guatemala, centrados en la lucha contra los "cuerpos ilegales de seguridad y aparatos clandestinos de seguridad": investigar, colaborar con la desarticulación y hacer recomendaciones al Estado de Guatemala en políticas públicas destinadas a erradicar los aparatos clandestinos y cuerpos ilegales de seguridad. Hasta la fecha la CICIG, esta organización paragubernamental que opera al margen de la Constitución ha tenido tres jefes. Lo curioso del caso es la historia de los tres comisionados.

Primero, el español Carlos Castresana quien resultó ser un infame mujeriego y misógino y quien, cual un mandril, se dejaba llevar por sus instintos más bajos en vez de cumplir con sus deberes. Fue denunciado en México por su exesposa por violencia familiar. Al fin, este nefasto personaje entró a Guatemala como pedro por su casa, destrozó la casa ajena y tuvo que huir por la ventana con la cola entre las patas. Ahora ha quedado en el olvido y nunca más se ha sabido de él.

Después llegó el costarricense Francisco Dall'Anese, otro mediocre exfiscal, quien, siendo el comisionado en Guatemala, fue denunciado en Costa Rica por haber utilizado a los testigos falsos y pruebas inconsistentes en varios casos penales. Al igual que su predecesor, el tico había entrado por la puerta grande a la casa ajena, la desordenó y se fue corriendo como un vil malhechor (lo que fue, en realidad). Ambos comisionados, el español y el costarricense, utilizaron sus influencias para no responder ante la justicia por sus actos denunciados en México y en Costa Rica respectivamente.

Pero la CICIG y su patrocinadora, la ONU, creen que cualquier mezquino vale para Guatemala. Ahora Iván Velásquez, quien fue investigado y acusado en su natal Colombia – país igual de sufrido por el terrorismo que Guatemala – por supuestas irregularidades en las investigaciones contra el paramilitarismo cuando era magistrado auxiliar de la Corte Suprema de Justicia en Bogotá. Aun recordamos las escuchas ilegales, la famosa "borrachera" con unos posibles testigos, la sustracción de los documentos confidenciales por parte de Velásquez quien se victimizó al presentar una justificación ridícula y nefasta ("sustrajo el expediente con el fin de hacer su copia para la memoria histórica").

El Acuerdo con la ONU establece, entre numerosas libertades de la CICIG y su personal, que "el Comisionado disfrutará de los privilegios e inmunidades, exenciones y facilidades otorgados a los agentes diplomáticos de conformidad con la Convención de Viena sobre Relaciones Diplomáticas de 1961".

Dicho de otra manera, el jefe de la CICIG goza del pasaporte, estatus y beneficios diplomáticos, incluyendo los derechos y las obligaciones descritas en la Convención de Viena. Aquí viene un gran "pero": la Convención de Viena sobre las Relaciones Diplomáticas establece las funciones, los derechos y las obligaciones del personal precisamente diplomático, a saber: personas que representan un Estado soberano ante otro Estado soberano. A este efecto apelan los que insisten en que Jimmy Morales se extralimitó en sus funciones al declarar a Velásquez persona non grato, aduciendo que este último no es representante de ningún Estado soberano.

Sin embargo, si consideramos que estos defensores del comisionado de la CICIG tienen la razón, entonces, debemos considerar que no se le debe aplicar dicha Convención por no tratarse de un representante de un Estado soberano y, entonces, no se le deben aplicar los beneficios, derechos ni obligaciones diplomáticas. En este caso debería ser nulo el

Acuerdo de la creación de la CICIG (porque contiene puntos de referencia a las convenciones internacionales imposibles de aplicar) o, bien, se le debería tratar al comisionado y al personal de la CICIG como personas comunes y corrientes ya que la CICIG no es representación diplomática ni estrictamente una institución de la ONU. Me inclino por esta última posibilidad debido a que parte de la lógica. Pero, como sabemos, hecha la ley, hecha la trampa. Y aquí vemos varias trampas, pero hasta ahora todas ellas han beneficiado la CICIG y no el Estado de Guatemala.

Se suponía, entonces, que desde el 2007 la CICIG ayudara en Guatemala a combatir el crimen organizado que sigue acosando el país con sus cuerpos ilegales y aparatos clandestinos de seguridad: las maras (pandillas organizadas, el peor de los males de Guatemala, Honduras y El Salvador) y los grupos de delincuencia organizada disfrazados de organizaciones campesinas, de maestros y otros, que siguen amedrentando a la población con cierres de las vías públicas, los robos de la energía eléctrica, asaltos a la propiedad privada y asesinatos de los campesinos, empresarios y trabajadores que no ceden a sus chantajes.

No obstante, la CICIG no solo nunca ha investigado las maras ni la delincuencia organizada armada, sino se ha venido convirtiendo prácticamente en aquello contra lo que debería luchar. Se ha atribuido las funciones de un poder paralelo, por encima de la Constitución y de los poderes políticos, con el apoyo de los ya mencionados exguerrilleros. Ha llegado a amenazar y a exigir a los jueces, a los magistrados y a los diputados para que aprobaran las decisiones convenientes para las ONG de la exguerrilla.

Es más, en 10 años que la CICIG opera en Guatemala y "apoya al Ministerio Público en sus investigaciones" ni un solo caso ha sido concluido y llevado al juicio. De esta manera, la CICIG e Iván Velásquez, quien siempre ha apoyado las FARC, a Chávez y a los Castro, se han convertido en los aliados más íntimos de la frustrada guerrilla guatemalteca, disfrazada ahora de los "defensores de los derechos humanos" pero cuyo objetivo principal es la venganza contra el ejército y contra cualesquiera quienes luchaban contra ellos durante el Conflicto Armado y quienes no ceden ante sus chantajes actuales.

Es más que obvio que el Estado de Guatemala es débil, prácticamente fallido en muchos aspectos, plagado de corrupción, nepotismo y clientelismo, al igual que la abrumadora mayoría de los países latinoamericanos. Pero es tarea del propio Estado de Guatemala reforzar sus instituciones, luchar contra la corrupción y la criminalidad en los órganos de gobierno. Pero el papel de la CICIG no es hacer las veces del Ministerio Público ni luchar contra la corrupción, sino que limita el papel de esta Comisión.

Es tarea de Guatemala, y no de la ONU ni de los otros países, de cambiar sus leyes para que sea un Estado de Derecho. Es tarea del Ministerio Público y del poder judicial guatemalteco, y no de la CICIG, investigar y castigar a los responsables de los delitos económicos y políticos. No les compete a los comisionados de la CICIG emitir sus juicios de valor sobre el gobierno del Estado, sus representantes y familiares – por más corruptos que resulten ser - y declararlos culpables sin haber terminado la investigación.

La CICIG e Iván Velásquez, mucho ruido y pocas nueces ...

AMÉRICA LATINA: LAS GUERRAS Y LAS PACES

2014: LAS GUERRAS Y LAS PACES

El año 2014 fue uno de los años más completos en acontecimientos políticos del nuevo decenio de este siglo. Sucedieron eventos que marcaron y cambiaron la historia tanto mundial como la nuestra, latinoamericana.

La invasión rusa de la península ucraniana de Crimea y su anexión, la guerra desatada por Rusia en las regiones sudorientales de Ucrania y, como consecuencia directa, el derribo de un avión civil de pasajeros malasio, el MH17, por los criminales rusos, desataron una indignación mundial y las restricciones económicas impuestas al país más grande del mundo, lo que ha provocado en las últimas semanas una crisis económica en Rusia y prácticamente la muerte de su sistema financiero.

Las interminables guerras civiles en Siria y en Irak que no permitieron notar el surgimiento del nuevo terrorismo mundial basado en el Estado Islámico. Los constantes ataques palestinos a Israel que colmaron el vaso y acabaron con la paciencia del estado judío que respondió como debió haber hecho hace varios años. La reaparición de una amenaza pandémica mundial en forma del virus del Ébola en África...

Todo ello, tal parece, ha comenzado a cambiar el orden político mundial: ahora la Unión Europea, obligada por el Tribunal de Justicia, debe retirar el movimiento Hamas que tantas víctimas ha provocado de la lista de organizaciones terroristas. La ONU, el agujero negro del dinero de los estados-miembros y que ha mostrado su ineficiencia completa desde el día de su surgimiento en el 1945, ahora pretende reconocer Palestina como el Estado y así dar la espalda a Israel que la misma ONU creó en

1948. Y un largo etcétera que permite decir que el 2014 es un año limítrofe entre la contemporaneidad histórica y alguna época "post-" (les tocará a los historiadores poner el nombre a la nueva era de historia política mundial).

El continente americano, no ha quedado atrás. La ineptitud de los gobiernos populistas ha sumido sus países en las crisis políticas y económicas más profundas. El caso de la Argentina kirchnerista ya es de antología.

Por el otro lado, los rencores personales y las ansias de venganza no dejan dormir a los delincuentes – ahora disfrazados de "defensores de derechos humanos" – en algunos países del continente.

En Guatemala, a pesar de la aparente paz establecida legalmente a partir del 1996, los exguerrilleros, metidos en todos los órganos de la administración pública, desafían la lógica y el sentido común en los juicios. El caso más pintoresco es el juicio por la quema de la Embajada Española en 1980.

La conciencia y la vergüenza sí tienen su precio. Prueba de ello es el negocio de las ONG de derechos humanos, mantenidas con las millonarias donaciones internacionales y basadas en la violencia, miseria y traición. Pero son los colombianos quienes dieron el ejemplo a Latinoamérica con su marcha contra las negociaciones con los terroristas de las FARC donde mostraron que no están dispuestos a tolerar la impunidad con la que los guerrilleros pretenden salir ganando para evitar responder por sus crímenes.

Desde los principios del 2014 vimos el debilitamiento total del de por sí débil y de dudosa legitimidad sistema de Gobierno venezolano basado en las memeces del "socialismo del siglo XXI". Seguimos las marchas populares contra el régimen del gañán Nicolás Maduro quien se aferra al poder, vimos las detenciones ilegales de los líderes de la oposición y de los manifestantes y, por último, hemos sido testigos de la caída de la economía venezolana basada en la venta del petróleo cuyos precios se desplomaron en los últimos dos meses del año. Y tal parece que, hasta los patrocinadores ideológicos de Maduro, los cubanos Castro, se cansaron de las pataletas de su engendro y acabamos de ver cómo el régimen cubano traicionó a Maduro.

En las postrimerías del fin del año 2014, por alegría de unos y por el gran pesar de otros, el presidente estadounidense Barack Obama y el miembro de la familia impostora que lidera Cuba, Raúl Castro, quien se autodenomina "jefe del estado", simultáneamente anunciaron el inicio del acercamiento entre dos países vecinos, lo que muchos analistas creen "principio del fin del embargo económico a Cuba". Los que festejan esta decisión creen ingenuamente que esta decisión bilateral va a terminar con la miseria en la que los Castro hundieron la isla.

Aunque la gente pensante sabe de antemano que la raíz de esta miseria no es el embargo – que desde el 1961 se he convertido en la justificación propagandística de los Castro, sino todo el sistema político cubano, podrido por dentro y por fuera. Haciendo el paréntesis de esta decisión de Castro y de Obama que, por cierto, poco probable que sea aprobada por el Congreso de los EE. UU., hay que recordar las impactantes imágenes que precedieron al anuncio de los dos gobernantes, en las que aparecían los presos intercambiados por los gobiernos estadounidense y cubano: el contratista Alan Gross, quien, luego de un juicio completamente absurdo, pasó 5 años en una cárcel cubana de donde salió totalmente enfermo, desnutrido y sin dientes; y la imagen de los tres espías infiltrados cubanos, Ramón Labañino, Gerardo Hernández y Antonio Guerrero, quienes salieron de la prisión bien alimentados, hasta con sobrepeso y rosaditos cual tres cerditos, en un estado de salud envidiable que pocos cubanos de la isla tienen.

Seguimos esperando el derrumbe del socialismo en América Latina

El 9 de noviembre se celebra el aniversario del derribo del Muro de Berlín en 1989, conocido en Occidente como el Muro de la Vergüenza. Este engendro totalitario fue erguido por el ejército de la Alemania Oriental (socialista), por orden soviética, en forma de una valla de alambre de púas, a traición, en la madrugada del 13 de agosto de 1961, y se le dio la forma que conocemos, de un complejo de ingeniería, durante los siguientes 10 años.

Es de resaltar que en los regímenes totalitarios las mayores aberraciones de la violación de los derechos individuales suelen hacerse de noche: las detenciones y fusilamientos arbitrarios en las purgas de Stalin en 1936; los allanamientos en la Unión de Repúblicas Socialistas Soviéticas (URSS) durante los 75 años de la existencia del socialismo en Rusia, donde continúa esta tradición de la "nocturnidad"; los arrestos de los miembros de la oposición en Cuba; los ataques de los colectivos chavistas; al igual que la mayoría de los actos terroristas perpetrados por los grupos autodenominados guerrilleros a lo largo y ancho de América Latina.

En estos días mucho se escribe y se habla de cómo era la vida detrás del Muro, de su papel histórico en la caída del socialismo, de las razones de su derrumbe. Sin embargo, es importante recordar la relevancia del suceso para América Latina, plagada de grupos marxistas y de gobiernos populistas.

La Unión Soviética, muerta en 1986 y cuyo cadáver putrefacto por fin fue enterrado en 1991, era una fuente económica casi inagotable para muchos parásitos en el mundo. Su política exterior la llevó a ser el mayor Estado imperialista de la historia de la humanidad.

El éxito de la exportación –imposición– del socialismo a Cuba en 1961, como parte del plan de expansión llamado "yihad contra el capitalismo", y la impresionante campaña mediática mundial que logró manipular a millones de personas, sobre todo en la América Latina achacada por la pobreza, todo ello permitió que la URSS continuara avanzando en el hemisferio occidental.

Los casos de Salvador Allende en Chile, apoyado ideológica y económicamente por el Comité de Seguridad Estatal soviético (KGB, por sus siglas en ruso), Maurice Bishop en Granada, a Daniel Ortega en Nicaragua; las guerrillas en Centroamérica, Colombia, Perú, Ecuador — estas aberraciones histórico-sociales no hubieran sido posibles sin el financiamiento soviético a través de Cuba y la expansión en América del entrenamiento ideológico por el castrismo— apéndice de la URSS en América.

No obstante, al derrumbarse el Muro de Berlín, los propios soviéticos entienden que habían sido embaucados por la Revolución de 1917 y que el mundo no era así como lo pintaba la agresiva propaganda. Desde 1986, la URSS, sumida en una crisis de la que le era imposible salir, reduce drásticamente la ayuda a los países del "tercer mundo".

El presidente demócrata y anticomunista ruso Boris Yeltsin a partir de 1991 cierra todo el financiamiento a los regímenes totalitarios y a las guerrillas. Es allí cuando comienzan a derrumbarse los sistemas populistas construidos en América: Ortega pierde el financiamiento y pierde las elecciones; en Centroamérica las guerrillas, vencidas militarmente, dejan de existir, pero se infiltran en todas las esferas de la política; en Colombia las FARC recaen y buscan otras fuentes de ingresos (narcotráfico, secuestros, asaltos). El caso dramático de Cuba, cuyo PIB entre 1991 y 1993 cae más del 11% y provoca una crisis de su burlesca economía, muestra la imprudencia de ser una economía vividora de los demás, incapaz de generar los bienes por sus propios medios.

Parecía que el socialismo y todos sus derivados desaparecían paulatinamente, que la historia había probado lo monstruoso del totalitarismo, la planificación económica y del pan y circo. Es decir, de todo lo que no es capaz de respetar los derechos ajenos, del control total de las vidas de la gente y de sus destinos y, por consiguiente, de todo lo que no permite al ser humano progresar. Todo apuntaba a que el socialismo con todas sus vertientes debía ser borrado del mapa político del continente. Pero la naturaleza humana suele ser contraria al sentido común.

A finales de la década de los 90 resurgen los politiqueros con los lemas populistas del "socialismo del siglo XXI". La masa, ansiosa de oír que "si a alguien le falta es porque a otro le sobra" y receptiva a promesas de distribución de la riqueza —no generada por la producción industrial, base del socialismo según Marx, sino por la materia prima del continente—, permite el resurgimiento de la barbaridad socialista. Es evidente el interés de los Castro en mantener el carácter parasitario de la economía cubana a costa del petróleo ajeno. Y es evidente que este interés llevó a los Castro a crear el chavismo en una Venezuela rica en materia prima y en los recursos naturales.

Asimismo, es innegable que el negocio particular de los Castro, el Petrocaribe, se ideó como una fuente alternativa al desaparecido Muro de la Vergüenza, capaz de mantener en la región la inestabilidad social y política – base del beneficio lucrativo de todas las metástasis del socialismo.

Quizá por la edad, pero a los Castro les importa muy poco que esta red tejida sea frágil e impertinente a estas alturas de la historia. Parece que todo tiene su precio, incluyendo la conciencia de los que siguen sacando provecho de la miseria y pobreza. Y, quizá, tiene razón Gloria Álvarez al creer que solo la tecnología puede combatir el populismo.

EL MUNDO AL REVÉS

Tal parece que el fenómeno El Niño que se ha intensificado en los últimos veinte años, ha provocado cambios tanto en la salud mental de los políticos como en los preceptos morales, sociales e históricos de una gran parte de la población mundial. En otras palabras, el mundo se ha puesto patas arriba. Lo que por lógica y ética es malo y reprobable por los seres racionales, se empieza a considerar bueno y plausible. Lo que en los individuos con criterio provoca rechazo y vergüenza, en la masa provoca orgullo y satisfacción. Y peor aún: lo que debe ser juzgado y condenado, ahora es un trabajo "digno" y "respetable".

En el maravilloso mundo de la lógica y el sentido común los seres humanos buscan la libertad y allá sería impensable que en un país que sufrió 70 años de la dictadura más sangrienta la gente buscara a otro "amo". Pero en este mundo al revés hay una Rusia poblada en su mayoría por la masa descerebrada que implora a gritos la restauración de la dictadura, suplican para que el loco que la gobierna la siga maltratando.

En el maravilloso mundo de la lógica y el sentido común sería imposible que Hitler volviera siquiera asomarse en la política mientras que en este mundo al revés los hay varios, que se jactan de la "democracia" en sus feudos: los fascistas Putin y Maduro que resultan ser más nefastos y esquizofrénicos que Hitler y Mussolini. Y solo en el mundo al revés un fascista como Putin que ataca constantemente a sus vecinos puede llamar "fascistas" a aquellos que defienden sus patrias.

En el maravilloso mundo de la lógica y el sentido común los delincuentes y terroristas están tras las rejas. O, en el peor de los casos, aún están esperando ser procesados por los secuestros, asesinatos, asaltos, robos, destrucciones de la propiedad privada y estatal. Pero en el mundo al revés los terroristas y asesinos son "defensores y defensoras de los derechos humanos", reciben premios Nobel de la Paz, se autodenominan "escritores" y "periodistas", escupen los productos de sus mentes podridas en la prensa en Guatemala, llegan a ser presidentes en Argentina, Nicaragua y El Salvador, abren sus negocios (*oenegés* y *flacsos*) con el dinero ajeno sin dar un palo al agua. En vez de estar tras las rejas, ocupan cargos de fiscales.

En vez de pagar el daño causado a la sociedad y al país, viven de las millonadas, producto de extorsión al estado (a los contribuyentes) como "resarcimiento por la desaparición" del primer esposo-terrorista de su esposa.

En el maravilloso mundo de la lógica y el sentido común la historia es la mejor prueba de que las empresas estatizadas siempre (¡siempre!) son saqueadas por la gentuza politiquera y populista. Lo producido por las empresas estatizadas siempre (¡siempre!) es sinónimo de "estiércol" pero con el precio del estiércol pasado por las manos del rey Midas. Pero en el mundo al revés los campesinos, manipulados por los "defensores de los derechos humanos" (véase el párrafo anterior), exigen la estatización de la energía eléctrica, creyendo, en su ingenuidad criminal, que va a ser gratuita.

En el maravilloso mundo de la lógica y el sentido común los países ricos "enseñan a pescar" a los países que no han tenido la misma suerte por alguna que otra razón del destino. Incluso, el mago Carlos Marx, que vivía en su mundo de luz y color, aseguraba que el socialismo es la siguiente etapa del desarrollo después del capitalismo. La etapa más exitosa, próspera y justa. Por lo tanto, según las conjeturas del nigromante germánico, las sociedades socialistas debían tirar como animales de carga a las sociedades capitalistas para sacarlas de su "desgracia individualista". Dicho de otra manera, los gringos deberían salir nadando de su infierno y esclavitud a la isla de "la libertad". Se equivocó claramente.

En el maravilloso mundo de la lógica y el sentido común los niños son fruto del amor de sus padres. En aquel lejano universo la cantidad de niños es señal de prosperidad; los niños son traídos al mundo con la clara visión de la posibilidad de ofrecerles una niñez feliz, un futuro prometedor y una educación. Pero en este mundo matraca los niños parecen ser el fruto del odio y la carga pesada para sus progenitores. La cantidad de los niños en la gran parte de las familias es el símbolo de la pobreza, el cheque seguro para los efímeros programas de la "cohesión social". O, si se les envía solos a los odiados EE. UU., son una fuente de ingresos a secas.

En el maravilloso mundo de la lógica y el sentido común...

¿QUIÉN TIENE LA CULPA?

Los últimos años presenciamos el drama de los niños centroamericanos, entre ellos guatemaltecos, que cruzan México para llegar a los Estados Unidos ni siquiera acompañados por sus padres sino por los "coyotes". A todos nos conmueven las imágenes de estos niños detenidos por la "migra". Imágenes desde los hacinamientos en los centros de detención de menores indocumentados. En fin, a diario escuchamos y leemos sobre las desventuras de estos niños. Según los datos oficiales del Departamento de Estado de los EE. UU., solo en el transcurso de la primera mitad del 2014 fueron detenidos alrededor de 40 mil indocumentados menores de edad procedentes de México, Guatemala, Honduras y El Salvador. La mayoría de ellos aún siguen detenidos en aquel país.

El presidente y el vicepresidente de los EE. UU., el Secretario de Estado, los congresistas y otros funcionarios públicos estadounidenses diariamente, a través de distintos medios, piden a los países involucrados a que "no manden a los niños solos y sin documentos" a cruzar la frontera. Pero la pregunta más importante es: ¿quién los manda y quién tiene la culpa de toda esta situación?

En la prensa los columnistas aburren culpando al Estado de tan dramática situación. Todos ellos aseguran haber hablado con los menores detenidos y haberlos visto llorar desconsoladamente porque "lo único que querían es huir del hambre y de las faltas de todo" en sus países de origen. Y, por supuesto, según estos periodistas-sensacionalistas la culpa de todo es de los gobiernos (¿de quién más va a ser?) que – resulta – debe alimentar y proveer de todo a los niños.

Repitiendo el mantra sobre el "estado benefactor", deporte favorito de los intelectuales de la izquierda guatemalteca a sueldo de Maduro y oenegés que jamás han producido nada más que los berrinches, no se resuelve ni se va a resolver nada. Las razones son sencillas. Es de cajón que el Estado es un concepto abstracto, nada más que una forma de organización político-coercitiva que se sobrepone sobre lo concreto: las personas, en un territorio concreto.

El mencionado estado benefactor, cuyo lema es "quitar y repartir" (regalar el pescado en vez de enseñar a pescar) sirve únicamente para obviar las responsabilidades individuales y esperar la gracia del gobierno para que resuelva los problemas personales. Por ejemplo, si quiere tener muchos hijos, téngalos, el papa-gobierno los va a mantener a través de sus programas sociales y redistribución de la riqueza.

Pero la realidad y el sentido común no funcionan así. Por más que algunos políticos y los "defensores de los derechos humanos" repitan a la gente sin criterio la palabra "gratis", nada va a ser gratis.

Alguien debe pagar. Los derechos (en este caso, el de "tener hijos") sin obligaciones se convierten en una aberración y un libertinaje. Es exactamente lo que está pasando en el caso de los niños indocumentados que se ven obligados a pagar por "los derechos" de sus padres – léase, la irresponsabilidad de sus progenitores.

El hecho de que el estado, como ente abstracto, no debe absolutamente nada a nadie puede ser negado solo por los vividores. El gobierno sí nos debe a todos: la seguridad. Incluso la seguridad de protegernos de nuestras propias decisiones equivocadas.

No es ningún cinismo asegurar que es una decisión irresponsable de muchas personas de traer al mundo a los hijos. Y si se trata de los hijos que, se sabe de antemano, no podrán gozar de su infancia feliz y de sus despreocupaciones propias de los niños amados, estamos ante una insensatez de los adultos que debe ser castigada.

Si en realidad estos menores indocumentados tomaron por sí mismos la decisión de ir al norte – lo que dudo si tomamos en cuenta la cantidad astronómica que hay que pagar al coyote – huyendo del hambre y de los problemas en sus casas, entonces, los culpables son los padres que no saben cuidar de sus hijos y proveerles ni siquiera lo básico. Sin embargo, por lo que podemos deducir, en la mayoría de los casos los pobres niños no emprenden la aventura migratoria voluntariamente, sino son enviados por sus familiares con los recursos remetidos por sus progenitores indocumentados desde los EE. UU.

La mejor manera de cumplir con esta obligación del gobierno de velar por la seguridad es la propia educación. Es indispensable enseñar las competencias de tener una familia, mostrar las consecuencias nefastas de tener más hijos de los que se puede mantener.

Sin embargo, sabemos que las iglesias, tanto católica como evangélica, que se oponen al control de natalidad en los países centroamericanos, perderían su negocio si los gobiernos insistieran en la educación sexual obligatoria en los colegios y, también, en el desarrollo de las capacidades de razonamiento.

Suelo estar en contra de la mayoría de las leyes existentes, pero a estas alturas de la situación de los niños desprotegidos solo queda desear que existan castigos legales para los que, creyendo en su fatal ignorancia que los hijos son para los padres y no al revés, traen al mundo a los niños en cantidades irracionales. Las leyes en materia de la defensa de los menores se cumplirían siempre y cuando se castigara a los adultos con lo que más quieren – el dinero. No se puede enseñar a amar, pero sí a respetar y a ser responsables.

LO QUE PUEDE PASAR EN COLOMBIA.
Y OJALÁ NO PASE

El 14 de junio del 2014 el expresidente colombiano Álvaro Uribe en su Twitter escribió una advertencia a los colombianos que abogan por las negociaciones que de manera irresponsable emprendió el actual jefe del estado Juan Manuel Santos con las organizaciones terroristas *Fuerzas Armadas Revolucionarias de Colombia* (FARC) y el *Ejército de Liberación Nacional* (ELN): "Miren lo que está sufriendo Guatemala por una Paz mal hecha. Carta a los colombianos". No se puede tener más razón en menos palabras. De inmediato los aludidos dueños de las oenegés guatemaltecas, vividores de esta "paz mal hecha", se sulfuraron en Twitter, Facebook y en sus columnas en la prensa chapina.

Por supuesto, en Guatemala la gente razonable sabe desde hace mucho tiempo quiénes son estos aludidos y cómo funciona su negocio amparado por los Acuerdos de Paz. Pero a estos mercenarios de las donaciones europeas no les conviene que la verdad se riegue fuera de Guatemala. No porque se morirían de la vergüenza que nunca han tenido sino del hambre, porque trabajar y ser productivos no entra en sus planes. Aquí hay que hacer un paréntesis para aclarar que el mensaje del doctor Uribe fue una reacción, o, mejor dicho, una alusión al artículo de mi estimado colega Fernando García publicado diez días antes y titulado "Carta a los colombianos".

A diferencia del señor García, quien describe un panorama general del proceso de la "paz" en Guatemala y lo transpola a Colombia; yo, por mi parte, quiero describir o predecir lo que va a suceder en Colombia si se concretan las nefastas propuestas del presidente Santos. Debido a que desde ya el proceso de las negociaciones de paz en Colombia sigue el mismo patrón de desarrollo que en Guatemala desde hace más de 25 años (por ejemplo, la parte del gobierno en este "diálogo" está representada por los simpatizantes e influenciados por los guerrilleros), podemos asegurar con precisión que pronto los (ex)terroristas estarán en todos los niveles del Gobierno de Colombia. Por ejemplo, la histriónica Piedad Córdoba (alias "Teodora") sería en un futuro cercano la figura idónea para la guerrilla derrotada para ocupar el cargo de la Fiscal General de la Nación.

Seguramente, la multinacional aspiradora del dinero ajeno – Facultad Latinoamericana de Ciencias Sociales (FLACSO) - ya está haciendo las gestiones para abrir en Colombia su reducto de la (ex)guerrilla. De hecho, su página web ya anuncia que "Colombia, Venezuela y Perú han manifestado su interés en incorporarse".

Así que los colombianos, antes extorsionados por los secuestradores-marxistas, pronto serán extorsionados por el propio estado infestado por estos mismos secuestradores, pero ahora vestidos de "sociólogos", "escritores" y "defensores de los derechos humanos". No sería sorprendente que allí, en la FLACSO-Colombia, los programas culturales, por ejemplo, fueran dirigidos por Rodrigo Londoño (alias "Timoshenko" en las FARC) quien, para ese entonces, ya será doctor en estudios literarios por alguna universidad capitalista de los odiados EE. UU. y se creerá, por supuesto, un gran escritor y crítico. Y una columna de opinión en algún periódico central colombiano no le caería mal. Y por supuesto, Colombia y los colombianos estarán protegidos por los fervientes "defensores de los derechos humanos" y reconocidos dirigentes de las organizaciones apoyadas con los recursos de los ciudadanos que pagan impuestos en los países- "garantes de la paz". Resultará que los terroristas Luciano Marín (alias "Iván Márquez"), Jorge Torres (alias "Catatumbo") o Nicolás Rodríguez (alias "Gabino") en realidad no secuestraban y no mataban sino defendían a los pobres de los ricos. Habrá sus CALDH, CALAS y Grupo de Apoyo Mutuo, encabezados por ellos. Y, claro está, una columna de opinión para cada uno en algún periódico central colombiano no les caería mal.

Y que no se les olvide a los colombianos de que los ahora terroristas y guerrilleros tendrán que ser resarcidos. Sí, con el dinero de los colombianos que pagan los impuestos. Lo más seguro es que la mujer del asesino Manuel Marulanda (alias "Tirofijo", eliminado por el ejército colombiano), junto con su segundo esposo, ganará una demanda en la Comisión Interamericana de los Derechos Humanos (CIDH) del resarcimiento millonario como víctima del "estado-asesino". Así que, ¡a ahorrar!

La lista de las predicciones es larga. En ella están una que otra comisión de "la verdad histórica" que contabilizará millones de víctimas del estado y, por consiguiente, las demandas contra el Estado por "genocidio"; premio Nóbel de la Paz algún guerrillero; las mansiones en las zonas exclusivas de Guatemala (perdón, de Bogotá o de Cartagena) pagadas por los contribuyentes; los viajes a los detestables países capitalistas con los viáticos desembolsados por el estado; las conferencias sobre las "atrocidades cometidas por del ejército" con las que los ahora terroristas van a horrorizar a los europeos ignorantes; y un largo etcétera.

No obstante, sabiendo que Colombia siempre se ha caracterizado por un alto nivel de intelectualidad, por una buena educación y por un número importante de la gente razonable, hay esperanzas de que todo lo arriba enumerado y predicho no sucederá nunca allí. Pero, como dicen por ahí, sobre aviso no hay engaño.

¡CON LOS TERRORISTAS NO SE NEGOCIA!

En septiembre del 2012 tras varias semanas de rumores sobre los clandestinos diálogos entre el gobierno de Juan Manuel Santos – quien rechazaba los rumores – y las FARC – una de las organizaciones criminales más sanguinarias del hemisferio – se anunció el proceso de las negociaciones entre el Gobierno colombiano y el grupo terrorista. El lugar de las negociaciones, La Habana, al igual que los patrocinadores, Cuba y Noruega, y los nombres de los "negociadores" de inmediato provocaron sospechas sobre la legitimidad y el futuro de este proceso.

Desde que en Cuba llegó al poder, de manera ilegal por vía del engaño a los cubanos y al resto del mundo, la familia Castro que estableció un régimen de terror en la isla, comienzan a surgir en los países latinoamericanos los grupos terroristas que "luchan por la justicia social": entre ellos, Fuerzas Armadas Rebeles (FAR) en Guatemala en 1962, las FARC en 1964, Ejército Revolucionario del Pueblo (ERP) en El Salvador en 1972, Sendero Luminoso en el Perú en 1980 y otras clicas del castrismo creadas y apoyadas con las finanzas y armas provenientes de La Habana y con el adiestramiento de los guerrilleros en Cuba. Todas estas organizaciones son responsables por miles de víctimas (asesinados, secuestrados, torturados) en su paso por el continente.

El mismo ilegítimo gobierno cubano que ha creado y ha mantenido el crimen organizado en Latinoamérica ahora aloja y patrocina el "proceso de la paz" en Colombia. Aunque patrocina solo a una parte de los negociadores: a los subordinados del castrismo. Lo mismo que ha hecho Noruega en nuestro continente. Todas las buenas intenciones que ha tenido aquel reino europeo al patrocinar los procesos de la mal llamada "paz" en América Latina (y, sobre todo, en Centroamérica), se han traducido en realidad en el financiamiento de los grupos subversivos que ahora se autodenominan "defensores de los derechos humanos" – pero siguen sembrando terror y cometiendo delitos - y cuyos líderes se han enriquecido con este financiamiento europeo, principalmente noruego.

Mientras que estas negociaciones les cuestan a los colombianos un dineral (según los cálculos más modestos, en los 2 años y medio el gobierno ha gastado alrededor de US$8 millones), para las FARC este circo sigue siendo un negocio redondo, con viajes y hoteles pagados tanto por los propios colombianos y con las promesas de conseguir más fondos a mediano y largo plazo para la organización política que se formará por los guerrilleros con los fondos europeos.

No en vano una de las "negociadoras" es la holandesa Tanja Nijmeijer, apodada en los Países Bajos "gallina de oro de las FARC", quien está en busca y captura por varios gobiernos. Ahora ya se sabe el vínculo de esta terrorista, Nijmeijer, con el diputado socialista del parlamento holandés Harry van Bommel quien promueve de manera demasiado activa la participación de Países Bajos en estas negociaciones colombianas y organiza los fondos financieros para "el apoyo" a las FARC desde Holanda en particular y la Unión Europea en general.

Las FARC, al igual que los demás grupos subversivos del continente, nunca han sido de fiar en ningún proceso de las negociaciones. Estos procesos funcionan de maravilla como una cortina de humo para desviar la atención y seguir cometiendo la barbarie. Muestra de esto son los más de 30 asesinatos que han cometido las FARC en Colombia desde los inicios del diálogo en La Habana. El último ataque, el 15 de abril del 2015, que dejó 11 solados perecidos, debería haber puesto el punto final a esta farsa de negociaciones con los terroristas, sin embargo, el presidente Santos insistió en continuar el *show*. ¿Cuántos colombianos asesinados son necesarios para que el gobierno entienda que con los terroristas no se negocia?

En cualquier caso, si se logra firmar "el acuerdo" o no, ganarán las FARC y perderá el pueblo colombiano. Los terroristas lograrán legitimarse y llegar al poder (mejor dicho, infiltrarse en el poder) para el beneficio propio de sus cabecillas y para vengarse del ejército colombiano y todos aquellos quienes han luchado por el país.

El camino ya está trazado, por ejemplo, en Perú, donde han alcanzado a dominar el poder judicial para enjuiciar a los militares que defendían a los peruanos del terrorismo, o en Guatemala, donde los exguerrilleros lograron entrar hasta el Ministerio Público y en todas las esferas del estado y desde allí siguen delinquiendo.

Los colombianos, por suerte, saben cuestionar y no confiar en las promesas politiqueras de una efímera paz que sale más cara que la victoria y derribo del terrorismo. Las marchas y manifestaciones en contra de las FARC y de la farsa del "proceso de la paz", que se han organizado a lo largo y ancho del país desde el 2008, son una prueba de ello.

LA LECCIÓN DE SYRIZA PARA AMÉRICA LATINA

El 25 de enero del 2015 en Grecia se realizaron las elecciones parlamentarias en las que el partido Coalición de la Izquierda Radical (SYRIZA) ganó casi la mitad de los escaños (149 de 300). De esta manera, el líder del partido, Alexis Tsipras, un populista declarado, fue juramentado como el Primer Ministro del país helénico. Sin lugar a duda, su victoria marca una tendencia europea demasiado peligrosa, inclusive para nuestro continente americano tan lejano de Europa.

Como es sabido, Grecia, al igual que algunos otros países europeos, principalmente de descendencia romana (Portugal, España e Italia) han vivido una crisis económica y social permanente desde el año 2008. Precisamente en estos países han tomado una fuerza importante los movimientos de izquierda – neomarxista, para ser más exactos – con una perspectiva real de llegar al poder. Siempre con sus promesas populistas y fantasiosas. Y siempre con los recursos de los Estados que ya sabemos que son completamente fallidos tanto en el sentido económico, como político: Venezuela y Rusia.

En España fue creado el movimiento Podemos, encabezado por unos profesores de la Facultad de Ciencias Políticas de la Universidad Complutense, a la que ya podemos llamar como el reducto del neomarxismo español: Pablo Iglesias y Juan Carlos Monedero.

Con las mismas consignas populistas enfocadas en una masa deprimida y que cree estar en un callejón económico sin salida han logrado un éxito impresionante. Las últimas encuestas electorales apuntan a una eventual victoria de este movimiento político basado en los juegos manipulativos con la miseria humana y faltas de razonamiento.

Eso sí, el tiro le está saliendo por la culata a Podemos, a Iglesias y a varios de sus colaboradores. Hemos presenciado demasiados escándalos que relacionan a estos politiqueros *new age* con la corrupción, despilfarro del dinero público, cobros indebidos por los trabajos nunca hechos en las universidades estatales, compadrazgos y nepotismos, y, quizá lo más aberrante es que ya sabemos de dónde provienen los fondos – "las donaciones" – con las que tanto SYRIZA en Grecia, como Podemos en España echan la casa por la ventana en sus campañas proselitistas: del chavismo que, con su pseudorrevolución bolivariana, ha logrado crear un Estado tan "próspero", con una "economía tan sólida" que se ve obligado a exportar su "exitoso modelo" a otros países. Y cuanto más lejanos, mejor.

En fin, aparte la ironía y sarcasmo, es necesario pensar en cómo nos afectan los pseudorrevolucionarios europeos en América Latina. Ya con sus primeros delirios discursivos como Primer Ministro, Tsipras ha seguido con el populismo alógico: subir los salarios mínimos, readmitir a los funcionarios despedidos durante el plan de recorte del gasto público, subir el gasto público a niveles anteriores del 2008, crear un banco estatal que financie a los que no pueden pagar deudas, obligar los bancos privados a perdonar o congelar las deudas crediticias y un sinfín de memeces. Y la más importante, quizá, es su propuesta de no devolver la deuda a los países de la Unión Europea que han estado manteniendo Grecia durante los últimos años. Los principales proveedores de esta ayuda, Alemania e Italia ya habían amenazado a Grecia con su expulsión de la zona del euro y de la UE.

Sin embargo, y allí está el problema, no existe un mecanismo legal de la expulsión de un estado de la UE. Esto podría significar que la inminente caída de la Grecia a mediano plazo agravará la crisis de toda la Unión Europea, uno de los socios comerciales principales de América Latina. La maquinaria burocrática europea, que desde su origen ha puesto las trabas para las empresas privadas en el viejo continente a través de los impuestos, licencias, permisos y restricciones, tendrá que acudir a los empresarios para no caer en un abismo. Ya lo han hecho varias veces subiendo los impuestos, imponiendo el salario mínimo, etc. Todo ello reducirá la capacidad de inversiones en otros países, tan necesarias para América Latina. Y, por supuesto, como consecuencia de la crisis, se reducirá la demanda de los productos que exportan los empresarios latinoamericanos a Europa.

Alemania, que ha sido como una especie de buey de tiro para los demás países de la UE, ya ha agotado su solidaridad. Los propios alemanes comienzan a darse cuenta de que a costa de su capacidad productiva y de sus impuestos mantienen y tendrán que seguir manteniendo los estragos del populismo europeo, cuyos cabecillas viven cómodamente con las millonadas de Maduro y de Putin. Pero los cuentos de hadas suelen terminar y la solidaridad y buena voluntad tienen sus límites.

Mientras que los problemas europeos los deben resolver los propios europeos, los latinoamericanos debemos pensar en otras opciones que reduzcan o eliminen las nefastas consecuencias de las políticas populistas. Quizá, dentro de todo ello, lo positivo para nuestro continente sería que los europeos empezaran a entender que el tan apoyado por ellos desde lejos chavismo-madurismo, con sus sucursales en Ecuador, Bolivia, Argentina y Nicaragua, es mucho más peligroso y fatídico, y ya no está tan lejos y resulta ser mucho más funesto y maloliente de lo que se les creía desde la otra orilla del Atlántico.

EL CONTINENTE MÁS PELIGROSO DEL MUNDO

A inicios de cada año se suelen publicar las estadísticas del año anterior referentes a distintos campos de la actividad humana, desempeño económico y comportamiento social de los países del mundo. Uno de los datos importantes desde varios puntos de vista – desde el turístico hasta el de inversiones financieras – es el nivel de la criminalidad de cada ciudad importante.

WorldAtlas publica la estadística que, a nosotros, los que vivimos en las Américas, nos debe preocupar y hacernos pensar en qué hacer y cómo vivir: las 50 ciudades más peligrosas del mundo. Los datos proporcionados por este sitio de internet coinciden con otras similares hechas por otros medios, entre ellos, por ejemplo, el prestigioso Business Insider o el Gobierno de México, entre otros. Lo más preocupantes de esta estadística es que casi todas las ciudades más peligrosas del mundo, a excepción de 4 ciudades sudafricanas, se ubican en las Américas, desde los EE. UU. hasta Brasil. De ellas, son tres las ciudades estadounidenses: pequeña ciudad de San Luís en el estado de Misuri con 59.23 asesinatos por cada 100 mil habitantes; la ciudad de Baltimore en Maryland con 54.98 asesinatos; Detroit en Míchigan, con 43.98 asesinatos; y tradicionalmente violenta Nueva Órleans, con 41.44 asesinatos por cada 100 mil habitantes.

Pero la ciudad más peligrosa del universo, de América Latina, de Sudamérica, del Caribe y del mundo hispanohablante es Caracas, con una cifra inimaginable y surrealista de 119.87 asesinatos. A decir la verdad, a mí - que vivo en Guatemala (en el vigésimo quinto puesto mundial con 41.17 asesinatos), me da miedo salir a la calle a ciertas horas y en la mayoría de los barrios de la ciudad y, como la mayoría de los guatemaltecos, he sido más de una vez víctima de un asalto – me aterroriza hasta pensar en los caraqueños, cómo han de estar ellos en su propia ciudad dominada no solo por la mafia socialistoide del gobierno del busero loco, sino por la delincuencia común, aunque al fin y al cabo, la segunda es la consecuencia de la primera.

Resulta sumamente preocupante el hecho de que nuestro continente sea el más peligroso del mundo. Creo que no me equivoco si digo que yo, al igual que la mayoría de la gente, veía África como el continente más violento, y no, estábamos equivocados. La violencia nos rodea a nosotros.

Es más que evidente que la causa de esta violencia desmesurada es la falta no solo de prevención de delitos y la pobreza extrema en la que están sumidas las ciudades tanto latinoamericanas como las estadounidenses – me refiero a las más violentas -, como la falta del Estado de Derecho y la corrupción que, en lugar de la ley, impera en estas ciudades. Los sistemas políticos de nuestra región han mostrado su ineficacia, su proclividad hacia la corrupción y abuso del poder por parte de los gobernantes y sus aliados, y su completa ineptitud para adaptarse a cada época y a las circunstancias. En eso estamos igual que hace 200 o hace 100 años.

Mientras que muchos creen que la pobreza y la mala educación es la causa de la violencia, creo que se debería analizar desde el ángulo contrario: la criminalidad no permite progresar a los empresarios, sobre todo a las pequeñas y medianas empresas; obviamente ahuyenta las inversiones y el turismo, y, como consecuencia, fomenta la corrupción y convierte en los criminales a los gobernantes. Parece un círculo vicioso. Por mencionar solo algunos: el caso Oderbecht en toda América Latina, varias causas penales en Guatemala, donde en la prisión preventiva están esperando el juicio el expresidente y más de la mitad de su gabinete de ministros; los juicios contra los exgobernantes en El Salvador y Brasil; las investigaciones en Panamá...

¿Será que debemos replantear las raíces constitucionales y jurídicas de nuestros países? ¿Por qué no regresar a la idea de una república tradicional donde los poderes son separados, sirven de contrapeso entre sí, los burócratas no tienen acceso a finanzas públicas, los jueces son preparados, honestos y tienen recursos suficientes para no ser corruptos, donde se elige a los diputados con sus nombres y apellidos y no los partidos políticos y donde la autoridad es el pueblo en general y cada ciudadano en particular y no el Gobierno, y donde se respeta el derecho ajeno? Miremos los ejemplos de repúblicas exitosas como Suiza, por ejemplo...

RUSIA EN AMÉRICA LATINA

En el 2015 el ministro de relaciones exteriores de Rusia Serguei Lavrov realizó una visita a cuatro países de América Latina. Las primeras dos paradas previstas son en los países simbólicos para ver el tipo de relaciones que tiene Rusia con nuestro continente: Cuba y Nicaragua. Después siguieron dos aliados más cercanos del "enemigo eterno" de Kremlin: Colombia y Guatemala. En esta última Lavrov organiza una reunión con los cancilleres del Sistema de Integración Centroamericana (SICA), que aglutina a 7 países de subcontinente (además de Guatemala, incluye Belice, El Salvador, Honduras, Nicaragua, Costa Rica y Panamá) y la República Dominicana.

No obstante, es notorio que Lavrov visita los dos dinosaurios socialistas del continente, Castro y Ortega, y obvía encontrarse con el aliado latinoamericano más cercano el dictador venezolano Nicolás Maduro.

Hay que recordar que Rusia, agobiada desde siempre por los caprichos de sus autoritarios líderes del momento, está pasando por la peor crisis de los últimos 16 años. Desde que Vladimir Putin asumió el poder en 1999, toda su política interior se ha enfocado en la manipulación de los rusos a partir del populismo y mentiras lo que le permitió terminar con las pocas libertades que existían en aquel país, sin que la masa acostumbrada a ser manipulada se diera cuenta.

A decir la verdad, no le costó mucho trabajo a Putin convertirse en otro protodictador a los que los rusos ya están acostumbrados. Son tres los factores principales de la actual crisis que se vive en Rusia. Las nefastas políticas económicas del gobierno ruso, basadas en una corrupción de tamaño inimaginable hasta para América Latina, han demostrado la completa incompetencia e incapacidad de Putin y de sus ministros en materia de administración de un estado.

El segundo factor está relacionado con una esquizofrénica idea de Putin, apoyada por la Iglesia Ortodoxa, sobre el papel de ombligo del mundo que, según ellos, juega Rusia en el mundo y, por ende, provoca la envidia del Occidente. Esto, a su vez, repetido miles de veces se ha convertido en una verdad absoluta para la masa rusa. Así Putin, con el apoyo de la iglesia – que parece más una secta totalitaria – y con la ayuda de su ministro de relaciones exteriores (aunque debería llamarse "de propaganda") Lavrov ha logrado unir a la gente alrededor de una idea enfermiza fija: todo el mundo, encabezado por los EE. UU., desea, ansía y añora borrar Rusia del mapa. Esta estrategia de crear un enemigo para manipular las masas es bien conocida. Y es la misma estrategia - de presentar los EE. UU. como enemigo – utilizan los Castro, Ortega y Chávez-Maduro con sus súbditos. ¡Qué coincidencia!

El tercer factor, quizá el más importante entre las causas de la crisis social y económica de Rusia, es la constante violación del derecho internacional por parte de Kremlin. Si en 2008, cuando Rusia atacó Georgia y ocupó ilegalmente dos provincias georgianas – Osetia del Sur y Abjasia – el mundo se indignó, pero no hizo absolutamente nada. A los gobiernos del mundo y a la ONU les pareció este hecho aislado, se lo perdonaron a Putin y con esto le dieron la luz verde para seguir atacando a sus vecinos. En 2014 Rusia invadió a traición, aprovechándose de la crisis interna en Ucrania (país que siempre había sido el aliado más cercano y fiel de Rusia, al igual que lo había sido

Georgia hasta que Rusia le clavó el puñal en la espalda), ocupo y anexó ilegalmente y bajo pretextos ridículos si no estúpidos la península de Crimea y, además, desató una guerra en el Este de Ucrania.

Ambos delitos – la invasión militar de Crimea y del Este de Ucrania – fueron negados por Putin y su camarilla, sobre todo por su propagandista más fiel, Lavrov, quien desde hace más de un año a través del canal televisivo al estilo goebbeliano RT (*Russia Today*) y la ONU, por medio del ya fallecido embajador ruso, Vitaliy Churkin, ha mentido al mundo entero sobre la participación de su país en la guerra ucraniana y en el robo de Crimea.

Sin embargo, el propio Putin los dejó a sus defensores en evidencia: uno de los canales estatales de TV rusa emitió un documental en el que Putin, además de aceptar que las tropas rusas invadieron Crimea antes de ser anexionada, aseguró que estaba dispuesto a usar las armas nucleares contra Europa Occidental y contra los EE. UU. Y aunque Putin, a pesar de todas las evidencias, sigue negando lo obvio – la participación del ejército ruso en la guerra en el Este de Ucrania – el martes 24 de marzo del 2015 los mismos terroristas rusos en Ucrania difundieron la información de que un alto mando del Estado Mayor de Rusia resultó estar bajo un bombardeo en Ucrania.

Todos estos delitos de Kremlin en Ucrania son objeto de demanda que el gobierno ucraniano presentó ante el Tribunal Internacional de La Haya, así que hay esperanza de ver a Putin y a Lavrov en el banquillo de los acusados y condenados por los crímenes de lesa humanidad, aunque la historia ya los ha condenado. Ahora bien, la pregunta más importante hoy es: ¿qué trae entre manos el propagandista Lavrov a América Latina?

Los países y los gobiernos latinoamericanos, que aún no han caído en las garras putinescas, deben pensar bien en las alianzas con un país cuya historia ya ha mostrado que Kremlin es sinónimo de "traición". Traiciones de sus vecinos y sus aliados más cercanos desde las épocas remotas. Para no ir muy lejos, recordemos la división de Europa que hicieron dos criminales más grandes del siglo XX, Stalin y Hitler, cuando la URSS (cuya heredera es la Rusia actual) invadió a sus vecinos, no olvidaremos las constantes amenazas e invasiones de Finlandia, Hungría, Checoslovaquia, Afganistán, entre otros, a lo largo de la segunda mitad del siglo XX y de Georgia y Ucrania en el siglo XXI. Y una muestra más: el 23 de marzo del 2015 el embajador ruso ante Dinamarca amenazó a este país con los ataques nucleares.

Vamos a ver qué otra mentira nos presentará Serguei Lavrov en su afán por dominar América Latina y quién será el siguiente traicionado por Kremlin.

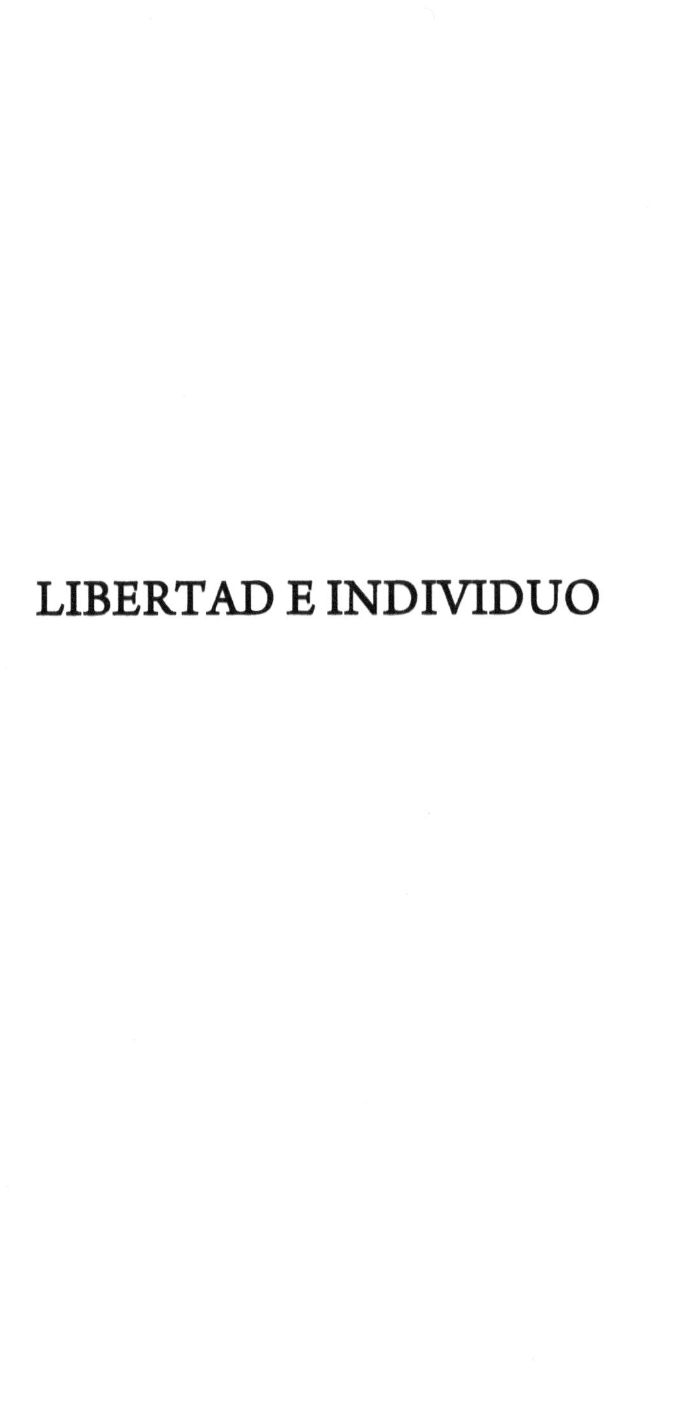

LIBERTAD E INDIVIDUO

PATRIOTERISMO Y CULTURA VS EL INDIVIDUO

Durante la primera mitad del siglo XIX nace un movimiento con fuertes raíces nacionalistas conocido como Romanticismo. Consistía en la idea de la independencia de los pueblos, el rechazo al multiculturalismo y la superioridad de una sola etnia en la composición social de la nación. Este patrioterismo es conocido ahora como chauvinismo.

Sin ninguna base lógica se establecía que cada pueblo y cada raza tienen sus propios rasgos que les son característicos. La idiosincrasia se arraigó de tal manera en estos dos siglos de la historia de la humanidad que hasta ahora una gran parte de la población suele apelar a ella en todo el mundo. Si es el guatemalteco es impuntual, el gringo es emprendedor, el japonés es reservado, el inglés es prepotente, y un largo etcétera. Todos estos prejuicios se basan o en la autojustificación o en las ideas que dominaron las mentes de muchas personas con poca sabiduría.

Detrás de la "cultura nacional" se ocultan las autojustificaciones del mal actuar y de la incompetencia real de los que se quejan y se hace creer que somos diferentes por razones culturales.

Con la mentalidad basada en la idiosincrasia no es posible prosperar debido a que se buscan las razones que justifiquen nuestros rasgos negativos y rechacen lo verdadero positivo.

El nacismo y el fascismo alemán, italiano, japonés, cuyos orígenes radican en el Romanticismo europeo, se basa en la supremacía de una nación o de un grupo étnico dentro del propio país, su papel "histórico" en la humanidad y, por ende, sus "derechos" sobre los demás. Todo ello tan carente del sentido común como enfermizo. Estas ideas estaban destinadas al fracaso desde su concepción.

En el concepto del patrioterismo solo existe la imagen de lo colectivo mientras que el centro de atención debe ser un individuo. Cada persona tiene su carácter, no existe la tal cultura nacional que, en realidad, está compuesta por las culturas que a cada uno de nosotros nos inculcan primero los padres que nos educan y después los centros de enseñanza con sus maestros. La irresponsabilidad tanto de algunos padres como de algunos maestros es creer que el estado (los políticos) hará este trabajo de convertir a un individuo en la parte de una cultura colectiva. ¡Grave error!

En los países tan lejanos, pero a la vez históricamente parecidos como los EE. UU. y Australia el individuo es la base de la sociedad. La educación se centra en la persona y no en lo colectivo ni en lo cultural. Quizá por eso nunca escucharemos allá sobre "la cultura estadounidense" o "cultura australiana". Lo que se creó allá y les ayudó a prosperar no es la idea de una integración cultural o religiosa sino la integración individual en la sociedad y el valor del individuo.

La era en la que vivimos exige la globalización. Los que se oponen a ella, buscan arraigarse en el pasado. Pero hay que recordar que la historia (en griego "cuestionar") enseña a no cometer los errores del pasado y progresar. En el tiempo no es posible retroceder, solo queda asumir lo negativo (y lo positivo) y sacar conclusiones para un futuro. Sin embargo, esta capacidad de razonamiento no le es dada a todos. Por eso resurgen y renacen las ideas descabelladas del nacismo, del chauvinismo y otras tantas. No se puede olvidar de que el bien común no es otra cosa sino la suma de los bienes individuales. Es la razón por la que la idiosincrasia y las ideas nacionalistas son carentes de sentido. El éxito de un individuo lleva al éxito de una comunidad y no es al revés. Abogar a las características culturales significa buscar excusas para el retroceso, estancamiento y mediocridad.

EL PELIGRO DE LA SOBRECARGA INFORMATIVA

A estas alturas de la historia de la humanidad, con el predominio de la tecnología, la dificultad de procesar toda la información obtenida a diario, a cada momento, puede resultar frustrante.

La pereza mental es un peligro para cualquier persona. Uno de sus efectos es la simplificación y limitación analítica que sustituyen el análisis por el "me gusta" o "no me gusta". Estos efectos eliminan la verdadera valoración de los objetos, procesos, ideas y no permiten tomar las decisiones justificadas.

Una de las causas que llevan a estos efectos es la sobredosis informativa a la que estamos sometidos en las últimas décadas. Los especialistas psicólogos afirman que cada día es más difícil lidiar con el exceso de la información.

El escritor estadounidense Alvin Toffler en su libro "Future Shock" (1970) predijo este efecto y le puso el término de "sobrecarga informativa". Resulta que con la gran cantidad de la información que debemos procesar, el cerebro comienza a fallar y a negarse a analizar todos los datos y esto nos dificulta tomar decisiones en general o tomar decisiones correctas y precisas en particular. Aún si la persona logra tomar una decisión, inicia el martirio psicológico de obsesionarse con la idea de si la decisión es correcta o no.

La científica estadounidense Sheena Iyengar, profesora e investigadora en la Columbia Business School, una de las especialistas en la toma de decisiones de más autoridad en el mundo, en su libro *The Art of Choosing*, analizó el proceso de la búsqueda del trabajo por los estudiantes universitarios. El resultado comprobó la hipótesis expuesta arriba: cuánta más información procesaban los estudiantes, cuánto más se enteraban sobre la compañía donde querían trabajar, los sueldos, su ambiente corporativo; menos estaban contentos con su elección. La duda carcomía a los postulantes: ¿acaso es un buen trabajo?, ¿qué tal si el trabajo que rechacé para aceptar este habría sido mucho mejor?

Es difícil si no imposible localizar la verdad en este huracán informativo. La situación es semejante a las redes sociales en internet donde cada uno habla de lo que le da la gana, lo que siente, presenta "su verdad", sus versiones, sus valoraciones, y, sin embargo, es un trabajo mental titánico separar la verdad de lo imaginario, de lo falso o de lo exagerado.

Este fenómeno, denominado por los especialistas "twitterización de la cultura", ha revolucionado la mente de millones de las personas en todo el mundo, los ha vuelto adictos a los dispositivos electrónicos móviles para estar al tanto de lo que pasa en la internet casi 24 horas al día.

No obstante, reconozcamos que también ha traído bastante beneficio tanto económico (más producción de estos aparatos significa más puestos de trabajo y más impuestos), tanto político (las últimas revoluciones en el mundo árabe, las manifestaciones en varios países, cuando la gente ha sido convocada en pocos minutos, y los demás han podido seguir en vivo estos acontecimientos vía redes sociales), como educativo (a través de la tecnología la educación a todos los niveles ahora es universal, las distancias no existen y la calidad ya no depende solo de qué tan lejos está la escuela o la universidad del "centro de la civilización). Pero, en este flujo de los datos contradictorios perdemos los detalles, perdemos el tiempo tratando de enfocarnos en las cosas de poca importancia y, como resultado, se nos olvida el objetivo de la búsqueda. En lugar de desarrollar la memoria y las capacidades analíticas, el cerebro trabaja solo para percibir la información y "se recalienta", absorbiendo más información de la que es capaz de procesar. Todo ello lleva a las consecuencias cognitivas desastrosas.

La profesora Johanne Cantor, directora del Centro de las Investigaciones de la Comunicación de la Universidad de Wisconsin-Madison, en su libro *Conquer Cyber Overload: Get More Done, Boost Your Creativity, and Reduce Stress* asegura que dejar entrar en la cabeza la información sin cesar crea un exceso que impide el razonamiento. Según la psicóloga, es preferible salirse de este flujo cibernético y tomar un receso lo que permitirá que el cerebro, a nivel de subconsciente, acepte la nueva información y la integre en los conocimientos ya adquiridos previamente.

Es imposible evitar analizar toda la información que percibimos a cada momento, por eso la única manera de protegernos es aprender a oponernos a los flujos de la información innecesaria. Basta preguntarnos si en realidad nuestra vida cambiará si dejamos de consultar a cada rato las redes sociales en lugar de pasar más tiempo en compañía de nuestros padres, hijos, amigos, o en lugar de leer un buen libro.

MANIPULACIÓN Y PROPAGANDA

El ser humano por su naturaleza es manipulador por un lado y proclive a ser manipulado por el otro. La manipulación es parte de la comunicación cotidiana, sin embargo, tal parece que, en los discursos de interacción social, sobre todo ideológicos (políticos, religiosos y publicitarios), este concepto se ha convertido en fundamental. Al analizar las opiniones sobre los discursos políticos se puede notar las acusaciones mutuas entre los representantes de izquierda y de derecha políticas de manipular la opinión pública y la conciencia del electorado. Surgen las preguntas: ¿es la manipulación propia de alguna ideología?, y, quizá, la más importante: ¿tiene cabida la manipulación en los discursos dentro de un eventual estado de derecho? Nuestra hipótesis se centra en la idea de que la manipulación juega el papel coercitivo en la comunicación y, más concretamente, a través de los discursos propagandísticos.

La propaganda como fenómeno comunicativo no tiene atribuciones concretas de una ideología concreta ni medios de comunicación específicos. Como nota Antonio Pineda,

la propaganda es un producto comunicativo derivado de un tipo determinado de motivaciones humanas (y, más concretamente, motivaciones sociales) que generan un tipo determinado de relaciones entre los seres humanos cuando estos se comunican. Donde radica lo universal o transhistórico es en las propiedades de la intención específica que rige la producción de propaganda por parte del emisor. La recurrencia transhistórica del fenómeno propagandístico, y el elemento que dota de unicidad a su concepto (permitiendo por lo tanto su comprensión y diferenciación racional), derivan de la recurrencia también transhistórica de una intención o motivación específica por parte del emisor de la comunicación. Las circunstancias empíricas que rodean la producción o generación de propaganda pueden variar en el tiempo y el espacio; sin embargo, el tipo de intención que guía a los emisores de propaganda es esencialmente el mismo en épocas y contextos muy distintos[2].

Agrega que "el porqué de la generación de propaganda es la búsqueda del poder. Los emisores de propaganda son instancias de poder que persiguen una posición de dominio sobre esferas relevantes de la estructura social"[3].

La acción propagandística consiste en la transmisión de una ideología (cualquiera) en una situación comunicativa concreta (debates políticos y religiosos, campañas proselitistas, artículos de opinión, etc.) por medio del discurso que, en función de su contexto e intencionalidad, llamamos *discurso político* o ideológico.

En la tipología discursiva cada tipo de discursos se caracteriza por sus propias funciones estratégicas. En caso del discurso político, Paul Chilton y Christina Schäffner proponen las siguientes cuatro funciones estratégicas: coerción; resistencia, oposición y protesta; encubrimientos; y legitimación y deslegitimación:

A menudo, los actores políticos también actúan coercitivamente mediante el discurso al disponer la prioridad

---

[2] Pineda Cachero, Antonio. Un modelo del análisis semiótico del mensaje propagandístico. En: *Comunicación*, Vol.1, N°6, 2008, p. 33
[3] Ibíd., p. 33

de los asuntos, seleccionar temas de conversación, colocarse a sí mismo y colocar a los demás en relaciones específicas, suponer realidades que los oyentes se ven obligados a aceptar, aunque sea en forma provisional para poder procesar el texto o habla. También es posible ejercer el poder mediante el control del uso que los otros hacen del lenguaje, es decir, a través de diversos tipos y grados de censura y control de acceso.[4]

Tomando en cuenta que se refiere a la manipulación desde la perspectiva semiológica, como una estructura estrictamente discursiva, es indudable su papel coercitivo dado que "designa la operación ejercida por un hombre sobre otro hombre"[5]. Vista desde este ángulo, la manipulación se ubica en la dimensión cognoscitiva, lo que permite definirla como una comunicación "donde el destinador-manipulador conduce al destinatario-manipulado hacia una carencia de libertad (obediencia) hasta verse obligado a aceptar el contrato"[6].

La presentación más extensa del concepto de manipulación, ampliamente aceptada tanto en la semiología como en las ciencias de la comunicación y en la que se puede notar que la coerción llega a ser la fuerza de la manipulación, pertenece al lingüista holandés van Dijk:

La manipulación no solo involucra poder, sino específicamente abuso del poder, es decir, dominación. En términos más

---

[4] Chilton, Paul y Chrisitina Schäffner. Discurso y política. En: VAN DIJK, Teun A. (compilador). *El discurso como interacción social.* Barcelona: Gedisa, 1997, pp. 297-331

[5] S. Albano, A. Levit, L. Rosenberg. *Diccionario de semiótica.* Buenos Aires: Quadrata, 2005, p. 152

[6] Ibíd., pág. 153

específicos, pues, implica el ejercicio de una forma de influencia ilegítima por medio del discurso: los manipuladores hacen que los otros crean y hagan cosas que son favorables para el manipulador y perjudiciales para el manipulado. En un sentido semiótico de la manipulación, esta influencia ilegítima también puede ser ejercida con cuadros, fotos, películas u otros medios. De hecho, muchas formas contemporáneas de manipulación comunicativa, por ejemplo, por los medios de comunicación, son multimodales, tal como es el caso, típicamente, de la propaganda.[7]

La propaganda como categoría semiológica, que consiste en la difusión de ideas por medio de la comunicación, está estrechamente vinculada con la manipulación si no está basada en ella. En este sentido se puede asegurar que la propaganda y la manipulación son dos caras de la misma moneda. La primera representa el lado del significado del mensaje, su contenido, mientras que la segunda resulta ser su expresión. En los términos lógico- semióticos, en la semántica discursiva y en el análisis del discurso, la propaganda corresponde al nivel semántico y, de este modo, es un componente semántico, en oposición al nivel sintáctico, manifestación formal y estructural cuyo componente es la manipulación.

En este sentido la propaganda nos interesa únicamente en su relación formal con la manipulación. Solo el análisis de la estructura del discurso permite establecer esta relación y su poder coercitivo. El problema de la manipulación ha ocupado un lugar muy significativo en las

---

[7] Van Dijk, Teun A. Discurso y manipulación. En: *Revista Signos,* 2006, 39(60), p.51

investigaciones, sobre todo de lingüistas y semióticos (aunque sin menospreciar a los sociólogos y politólogos). Los propios discursos políticos se suelen basar en las acusaciones de manipular a la gente, recurriendo curiosamente al mismo método.

La estructura de la manipulación puede ser dividida en dos niveles: nivel lingüístico y nivel lógico, aunque en la mayoría de las situaciones estos niveles son imposibles de segmentar. El fundamento de la estructura consiste en la victimización. Para que estas estructuras surtan efecto deseado, en primer lugar, es necesario hacer que el destinatario (público, contrapoder, etc.) se identifique con destinador (político). Para ello resulta muy conveniente el uso constante y reiterativo del pronombre *nosotros* y las formas verbales correspondientes lo que produce un impacto en el destinatario casi a nivel inconsciente:

Consecuente con nuestra propuesta, el Ejército pone a disposición del país todas sus capacidades y recursos… [8]

Estas cláusulas que nos van a permitir también certeza jurídica al empresariado, generar empleo e inversión, inversiones para nuestra nación, para que puedan existir fuentes de trabajo[9].

---

[8] Discurso de Augusto Pinochet en la Clausura del Seminario de la Academia de Guerra, 18 de julio de 1994. En: *Discursos principales 1990-1994. Augusto Pinochet Ugarte, Capitán General*. Tomo 1. Chile, 1995, p.93

[9] Discurso de Manuel Baldizón en el debate político organizado por la Asociación de Gerentes de Guatemala, transmitido por Guatevisión el 22 de agosto de 2011

Nuestros conceptos sobre la condición humana de otros pueblos y el deber de la hermandad y la solidaridad jamás fueron ni serán traicionados. [10]

Otro elemento imprescindible en el discurso manipulativo que permite la victimización es la identificación de *ellos (los otros)* que representan un peligro real o potencial para *nosotros*. Para tal efecto se seleccionan las metáforas políticas referentes a la guerra, desastres naturales, situaciones políticas vigentes en la memoria del destinatario, colores recurrentes, apodos y sobrenombres, símbolos nacionales e históricos, alusiones.

En algunos discursos, sobre todo proselitistas, el enemigo virtual se menciona por su nombre. Este enemigo puede ser un político de la oposición, una persona o una institución ideológicamente contraria al destinador, un país "enemigo".

Los ejemplos más representativos son los discursos de Hitler quien nombra a los franceses, gitanos y comunistas como los enemigos de *nosotros*, los alemanes; Putin (*nosotros*, los rusos que confían en el gobierno y votan por él y *ellos*, la oposición, pagada por los EE. UU. y los propios EE. UU.); Fidel Castro (*nosotros*, los cubanos y revolucionarios, amenazados por *ellos*, los yanquis, imperialistas); Hugo Chávez (*nosotros*, los venezolanos y revolucionarios, amenazados por *ellos*, los empresarios, la oposición,

---

[10] Discurso de Fidel Castro Ruz en el acto de constitución del Contingente Internacional de Médicos Especializados en Situaciones de Desastre y Graves Epidemias y graduación nacional de estudiantes de medicina, el 19 de septiembre de 2005. http://www.cuba.cu/gobierno/discursos/2005/esp/f190905e.html (consultado el 10 de enero de 2012)

los yanquis, imperialistas); Álvaro Colom (*nosotros*, los buenos guatemaltecos y el gobierno y *ellos*, los empresarios, la oposición); Otto Pérez (*nosotros*, los guatemaltecos y *ellos*, el gobierno anterior), etc.

El volver de la Patria es nunca más poderes externos imponiéndonos su agenda fiscal, su política exterior, su política comunicacional, sus prioridades de gasto o inversión. Ya no somos ese viejo país anquilosado, en donde la pobreza, era normal; el discrimen y hasta el racismo eran normales...

La muerte por desnutrición de nuestros niños era considerada normal. La falta de salud, de educación, de vivienda, era normal... El robo, la corrupción, eran normales... Las condiciones de explotación de los trabajadores eran algo normal. Ya no está el Fondo Monetario, el Banco Mundial, los poderes fácticos, los corruptos de siempre, dictando la historia del Ecuador.

Ahora, con la Revolución Ciudadana, el destino está trazado por la voluntad de ustedes, de nuestras ciudadanas de nuestros ciudadanos.[11]

El concepto de autopresentación positiva y de denigración, presentación negativa de los otros (oposición, enemigos reales o, lo que sucede más seguido, imaginarios) funciona en el discurso político en conjunto con la exageración y énfasis en las acciones positivas del destinador y el restar la importancia de lo positivo del accionar

---

[11] Discurso de Rafael Correa en Cuenca, 14 de enero de 2012. http://www.presidencia.gob.ec/download/2012-01-14-5aniosRC.pdf (consultado el 20 de enero de 2012)

de los otros y, al mismo tiempo, ocultar las acciones negativas propias (o rechazarlas), mientras que los errores y lo negativo de la oposición obtiene tamaños exagerados.

En esta estructura, además de las metáforas, se recurre a los sofismas populistas como, por ejemplo, falacia *ad misericordiam*, provocando lástima y compasión del público destinatario. Otro recurso ampliamente utilizado como sofisma populista para sostener la autopresentación positiva en la manipulación es la falacia de falsa autoridad mediante las frases *como todos saben, sin duda*, etc.

Lo que estamos haciendo, con Mifapro, es evitar que sus hijos sigan siendo pobres porque lo queremos es sacar la pobreza y pobreza extrema de Agua Blanca de y sus comunidades. Gracia a Dios el Presidente y yo no tenemos cola que nos machuquen que nos busquen que no van a encontrar nada. Porque nos han tratado de descalificar, nos han insultado y hasta faltado al respeto, tomen nota los que andan haciendo eso y ustedes verán quiénes son. [12]

Se puede ver que el destinatario como persona se convierte en un objeto de la manipulación debido a las aspiraciones de los destinadores políticos de dominar la conciencia y la opinión de la gente. El emisor crea una realidad discursiva y dentro de ella atribuye a los signos que, en este contexto específico, cambian de significado para

---

[12] Discurso de Sandra Torres en Agua Blanca, Jutiapa, Guatemala (texto cedido por el diario guatemalteco *SigloXXI*). El análisis de los discursos proselitistas de Sandra Torres, realizado por nosotros, puede ser localizado en http://www.s21.com.gt/nacionales/2010/07/19/discurso-populista-reiterativo (consultado el 20 de diciembre de 2011)

el receptor. Esta imposición de la interpretación de la realidad se efectúa de tal manera que el objeto, sin darse cuenta, cree y está seguro de actuar por su propia voluntad. A través de las técnicas adecuadas de la supresión de la voluntad, se imponen las ideas convenientes que, posteriormente, llevan al objeto manipulado al cambio de su comportamiento de acuerdo con los fines del manipulador. Pero a diferencia de la violencia física, en la que el destinatario es un enemigo y se le impone la voluntad del destinador a fuerza, la manipulación es una especie de colaboración y hasta seducción.

Además de los discursos propiamente políticos, cuyo claro objetivo es manipular al electorado, otro medio manipulativo en su esencia es el periodismo, en concreto, el género de opinión. La influencia en la mentalidad del público en este tipo de comunicación se basa también en la coerción al ejercer la presión sobre los lectores. La era de la tecnología que debería de disminuir este proceso, aparentemente lo ha explotado para convertirse en el método favorito de los manipuladores.

El reflejo de esto son los comentarios que dejan los lectores en los medios de comunicación electrónicos, tomando en cuenta que cada blog o periódico en línea es leído en su mayoría por los seguidores tanto de los autores como de las ideas de estos.

Así la mayoría de los *consumidores* de cada artículo concreto voluntariamente se someten a la "autoridad intelectual" del autor, dejándose así manipular sus propios criterios. El proceso y la estructura de la manipulación en los medios de comunicación siguen siendo los mismos que en cualquier discurso propagandístico y su fuerza radica en la coerción.

Los casos curiosos de la manipulación son los estudios dedicados a la propia manipulación. En 1998 el famoso lingüista estadounidense Noam Chomsky publicó en coautoría con el economista Edward Herman el libro *Los guardianes de la libertad*[13] en el que presenta la estructura del modelo propagandístico de los medios de comunicación "neoliberales" (término de Chomsky). En su esencia este libro confirma que en realidad la propaganda no es propia de alguna ideología, tanto la izquierda como la derecha política utilizan el mismo modelo. Sin embargo, el libro permitió a muchos políticos y autores de izquierda acusar el capitalismo y cualquier sistema no socialista de ser manipuladores.

Prueba de esto es el artículo *Estrategias de manipulación* con el *subtítulo Las estrategias y las tácticas de los Amos del Mundo para la manipulación de la opinión pública y de la sociedad*, escrito por el socialista francés Sylvain Timsit y publicado en su blog en 2002 en francés y en español simultáneamente.[14] En poco tiempo la mayoría de los periódicos del mundo (tanto electrónicos como *online*), sobre todo de izquierda, copiaron este artículo pero, de manera extraña, todos lo atribuyeron a Noam Chomsky. Dejando de lado este error, el artículo, a través de los ejemplos que propone para cada estrategia, hace creer al público en general a quien está dirigido que solo los capitalistas utilizan la manipulación para convertir a los pobres en más pobres: "*La calidad de la educación dada a las clases*

---

[13] Edición en español: Chomsky, Noam y Herman, Edward S. *Los guardianes de la libertad*. Buenos Aires: Astran, 1996

[14] http://www.syti.net/ES/Manipulations.html (consultado el 22 de enero de 2012)

sociales inferiores debe ser la más pobre o mediocre posible, de forma que la brecha de la ignorancia que aísla las clases inferiores de las clases sociales superiores sea y permanezcan incomprensible para las clases sociales inferiores".

Hay que aclarar que este y otros ejemplos de las "estrategias de manipulación neoliberal" pertenecen a un misterioso documento militar estadounidense[15]. Estas estrategias de manipulación, presentadas de manera simplista en el artículo, son bien conocidas, el "mérito" del autor fue relacionarlas con el capitalismo para así hacerle creer a sus lectores que la manipulación es una categoría exclusiva de los medios de comunicación privados ("amos del mundo"). Sin embargo, son base de cualquier discurso propagandístico y vale la pena recordarlas: distracción de atención; crear problemas y ofrecer soluciones; degradación de las soluciones; diferido; idiotizar al público; basarse en el aspecto emocional en vez del racional; conocer al público mejor de lo que ellos mismo se conocen.

Es indudable el papel histórico primordial de la manipulación y coerción discursiva en general en los estados con regímenes totalitarios y autoritarios. En la Alemania nazi ni en la Unión Soviética (donde fueron creados, incluso, ministerios de propaganda) existía el discurso político en su concepción tradicional, como tampoco ha existido una prensa libre e independiente del estado. Su lugar fue ocupado por la propaganda política cuya importancia en una sociedad basada en el temor hacia el propio estado es fundamental. A diferencia de una propaganda constructiva que pretende transmitir las ideas políticas de un

---

[15] Cooper, Milton William. *Behold a Pale Horse*. Flagstaff: Light Technology Pub, 1991

grupo político, religioso o económico particular (aunque a menudo utilizando la manipulación) con el fin de llegar al poder o ganar adeptos, la propaganda totalitaria y autoritaria juega un papel destructivo, se basa en la imposición estatal, sin lugar a las ideas contrarias (sin posibilidad de oposición), creando una figura del enemigo común para el estado y de esta manera uniendo a la población alrededor de esta idea.

Se puede comparar el uso de la manipulación en la propaganda constructiva y en la negativa a través de los artículos de opinión en la prensa. En caso de Guatemala, por ejemplo, entre todos los temas de opinión se segmentan dos que, a nuestro juicio, a raíz del conflicto armado del siglo XX son los más presentes en la prensa de la primera década de los años dos mil: a favor de los exguerrilleros y a favor de los militares. Los dos grupos de opinión estructuran sus mensajes utilizando las estrategias de manipulación, no obstante, esta práctica periodística sí puede considerarse como propaganda constructiva por permitir al lector interesado comparar las dos versiones y, en caso de tener el lector la capacidad de razonamiento suficiente, sacar las conclusiones y hasta adherirse intelectualmente a uno de los dos grupos.

No así es el caso de la prensa cubana, controlada por completo por el estado a través de los órganos oficiales de propaganda cuyo objetivo es no admitir de ninguna manera las ideas contrarias al régimen vigente en el país. El público-objeto de la manipulación a través de esta propaganda no tiene ningunas posibilidades de escoger las opiniones para compararlas (sería correcto decir que no tiene derecho de elegir al manipulador) y de esta manera se ha formado un estado totalitario con el pleno dominio no solo de la mente de la población sino también de su voluntad. El caso semejante es el venezolano, donde aun existen propagandas contrariaras a la oficial, pero el estado, por dominar los medios de comunicación, dispone de las fuerzas propagandísticas suficientes para limitar el acceso de la población a la propaganda constructiva. Estos casos son representativos de un sistema cuyo único objetivo es el pleno control de la sociedad por medio del control de la conciencia de la gente, donde se impone una aparente verdad absoluta que legitima el poder total del estado o de un partido que ocupa el lugar del estado.

Tenía razón el periodista alemán de la época nazi Victor Klemperer cuando describió el poder de la manipulación hitleriana:

La idea de la aplicación del poder absoluto a través de la lengua es la más importante en nuestro país que tiene la experiencia del totalitarismo con sus dos armas de dominio y sometimiento: el lenguaje de la propaganda (totalitaria y penetrante) y el terror.[16]

En la política el concepto de manipulación a menudo es equivalente del maquiavelismo. Las asociaciones entre los dos términos no son en vano: la única forma de ejercer el poder absoluto es a través de la represión de la voluntad de las masas, el sometimiento de la opinión pública y la deslegitimación de la oposición. Estos procesos obtienen su efecto solamente por medio de la manipulación, dado que la relación entre el poder y su contraparte se establece

---

[16] Klemperer, Victor. *La lengua del Tercer Reich. Apuntes de un filólogo.* Barcelona: Editorial Minúscula, 2002

a través del discurso. Tal vez todo esto sea la razón del porqué el populismo como "halago deliberado de las masas y compraventa de sus votos con la moneda de promesas cuestionables"[17] es sinónimo de las izquierdas políticas (tanto de corte socialista como así llamadas "socialdemócratas") que, después de lograr su objetivo de llegar al poder, intentan mantenerlo indefinidamente, convirtiéndose en gobernantes autoritarios, siempre utilizando la manipulación como medio.

De manera de conclusión se puede afirmar que la base fundamental de la manipulación son la coerción y la sujeción, típicos de un discurso propagandístico. En la propaganda la manipulación es, quizás, la principal estructura lógico-semiótica que permite al destinador (aun en las democracias tradicionales) lograr su objetivo debido a que el discurso en muchos casos es la única manera de llegar al poder. Sin embargo, es necesario diferenciar la propaganda constructiva de la negativa, ambas construidas sobre la manipulación, en las que las tácticas y las estrategias son distintas y, por consiguiente, tienen fines distintos.

---

[17] De La Torre, Armando. "Populismo" y "Democracia". En: *Laissez-Faire*, 32, marzo 2010, Guatemala: UFM, p.1

LIBERTAD Y MATRIMONIO
ENTRE LAS PERSONAS DEL MISMO SEXO

El 26 de junio del 2015 la Corte Suprema de los Estados Unidos declaró legal en todo el territorio del país el matrimonio entre las personas del mismo sexo. Y a pesar de que más de 20 países en el mundo reconocen el derecho al matrimonio igualitario – incluyendo 4 países de nuestro continente: México, Brasil, Uruguay y Argentina – la noticia de los EE. UU. provocó opiniones encontradas en todo el mundo.

En algunos países latinoamericanos, por ejemplo, en Guatemala, el presidente y los diputados del Congreso han rechazado hasta la idea de discutir la posibilidad de cambiar el Código Civil para permitir que las personas tomen libremente las decisiones sobre sus propias vidas y propiedades. Mientras que, en otros países, donde en la política existe la tradición liberal más larga y coherente, como en Colombia, no se descarta esta posibilidad y se discute la aprobación de los cambios en las leyes para que los homosexuales puedan casarse.

Sin embargo, cuando empieza a discutirse el tema de la homosexualidad en general y el matrimonio entre los gais en particular, suelen salir a flote y quedar en evidencia no solo la ignorancia y bajas pasiones de muchas personas sino la hipocresía y, en muchos casos, una completa falta de razonamiento. Y como suele suceder en estos temas tan candentes, a falta de argumentos suelen evocar los conceptos religiosos. Lo mismo que aburren las trilladas frases – que se repiten desde, por lo que podemos constatar en la literatura antigua, las épocas clásicas en Grecia y Roma – sobre "la pérdida de valores", los presagios del fin del mundo por el "libertinaje" y de que "dios ha creado el matrimonio entre hombre y mujer". A mucha gente se le olvida (o no se lo enseñaron cuando niños) de dos principios básicos que permiten la pacífica convivencia de los seres humanos.

En primer lugar, todos los seres humanos nacemos libres y la única manera de vivir en paz es respetar las libertades individuales y cumplir con los derechos que estas libertades conllevan: derecho a la vida y a la vida (que siempre es privada), a la propiedad privada, producto del trabajo, y el derecho a tomar las decisiones correspondientes a los dos derechos anteriores. Todo ello implica no violar los derechos de otras personas. Simple. No hay más.

Por lo mismo, no existe ninguna manera de que la decisión de dos adultos, de cualquier sexo, de contraer el matrimonio viole los derechos de otras personas. Por lo tanto, el único interés real de los que se oponen a la legalización del matrimonio igualitario es meterse en la vida privada de los demás con quién sabe qué objetivo. Los dictadores lo han hecho para controlar a las personas convirtiéndolas en masa a través del miedo y la coerción; pero muchas personas lo hacen por el morboso afán de meterse en la vida, la casa y la cama ajena.

En segundo lugar, es necesario recordar siempre (¡siempre!) que las cuestiones de la fe, en la que muchos se basan para mostrar su rechazo al matrimonio igualitario, son y deben ser siempre una cuestión íntima, personal, como es íntima y personal la propia sexualidad, los pensamientos de cada uno o el estilo y el color de los calzoncillos que elegimos para llevar puestos. Lo religioso, como los razonamientos basados en la Biblia, el Corán, las prédicas de los sacerdotes, etc., tienen validez únicamente dentro de cada grupo religioso – iglesias – y su imposición a los que no los comparten llevará a las nuevas cruzadas y más barbaridades, como las que están sucediendo en estos momentos en las regiones donde los fanáticos yihadistas intentan imponer sus normas por medio de la tortura, muerte y destrucción.

Tal parece que muchos confunden o ignoran el mismo concepto del matrimonio. Algunos hasta han dicho que no se oponen a la unión de los homosexuales, pero sí al matrimonio. Pero en realidad, es la misma cosa.

En Latinoamérica, al igual que en otras partes dominadas por los dogmas religiosos por encima del razonamiento, se ha hecho creer que el matrimonio es concepto religioso si no divino. Esto evidencia el desconocimiento de los propios principios jurídicos de nuestros países (en todo el continente americano, al igual que en Europa y en gran parte de Asia solo se reconoce el matrimonio como institución civil y no religiosa) y de la historia.

El origen del matrimonio se remonta en la Antigüedad, mucho antes del surgimiento de las religiones tradicionales, como una forma del control por la natalidad, las propiedades y el pago del tributo a través del registro de los hombres casados con sus mujeres. Con el tiempo, el matrimonio se ha venido transformando hasta que los estados medievales se fusionaron con las iglesias y se basaron en las religiones (así llamados "años oscuros" en la historia europea).

Pero, no solo los conservadores, que suelen arraigarse en las tradiciones religiosas y proyectarlas en lo civil y laico, sino también algunos liberales se oponen al así llamado matrimonio igualitario, pero por razones diferentes, aunque igualmente equivocadas. Aquellos liberales (tanto "clásicos", como libertarios, objetivistas y, sobre todo, anarcocapitalistas) que argumentan en contra de la decisión de los más de 20 países de legalizar el "matrimonio gay" recurren a las falacias de falsas causalidades.

Una de estas ideas falaces, formuladas por algunos de los liberales, es que el Estado no debe inmiscuirse en las decisiones libres de los individuos, como, por ejemplo, el matrimonio (tanto entre los heterosexuales, como entre los gais) y que un contrato privado sería más que suficiente para sustituir el matrimonio y proteger los derechos de los cónyuges.

Sin embargo, la decisión de la Corte Suprema de los EE. UU. y la posterior discusión no es sobre la eliminación del matrimonio en sí, como figura legal, sino sobre otro tema. Es decir, el presunto argumento sobre la suficiencia de un contrato privado sería válido siempre y cuando se tratase de apoyar o rechazar el matrimonio en general (entre las personas de sexos diferentes o del mismo sexo). Y ya que existe la figura legal del matrimonio y debido a que no se trata de eliminarla, debe existir la igualdad de los derechos, prescrita en todas las constituciones occidentales y que sirvió de base legal para la decisión de la Corte Suprema de los EE. UU.

Existe un grupo de los liberales que suelen construir las mismas trampas lógicas que los conservadores: falacias basadas en la fe. Debemos recordar que la propia idea del liberalismo radica en el pleno respeto hacia el individuo y sus derechos naturales (vida, seguridad y propiedad privada).

El liberalismo no es incompatible con las iglesias y sus preceptos, pero no se apoya en los dogmas religiosos. Para el liberalismo la fe es parte de la decisión individual, por lo tanto, los liberales verdaderos y honestos no recurren a los conceptos religiosos para fundamentar las acciones legales. Los liberales falsos sí lo hacen por falta de los argumentos o, en su defecto, a causa de su incapacidad de razonamiento.

Respecto a los colectivistas (marxistas, comunistas, socialistas, fascistas, socialdemócratas y demás por el estilo), es de recordar que suelen cambiar su actitud hacia los hechos e ideas en virtud de la coyuntura histórico-social y de las disposiciones de sus dirigentes. Son hechos históricos sus persecuciones a todos quienes, según sus cabecillas, no son, no piensan ni actúan como ellos: a los gais, gitanos, judíos, indígenas, empresarios, individualistas, etc. En la Unión Soviética, en la Alemania nazi, en Corea del Norte, en Cuba, en los demás países del "bloque socialista", además de todos los estados con regímenes autoritarios y totalitarios ("colectivistas") se ha perseguido e, incluso, se ha eliminado físicamente a los homosexuales, entre otros. En Colombia las FARC hasta hace poco se destacaban por su homofobia. Pero la coyuntura cambia.

Cada vez que se aborda el tema de la homosexualidad, sobre todo, el matrimonio de las personas del mismo sexo, no faltan majaderos que repiten las vaciedades de que "entonces, hay que legalizar la pedofilia, la zoofilia" y otras desviaciones y "permitir el matrimonio con los niños, animales, cadáveres". La mayoría de los que repiten estas memeces, lo dicen en serio porque piensan así. Estos ignorantes no son capaces de entender que la homosexualidad no tiene nada que ver con las enfermedades mencionadas por una sencilla razón: dos personas adultas en su pleno uso de razonamiento y con su pleno consentimiento, deben tener derecho de hacer lo que les da la gana en su cama, en su casa o en su vida, siempre y cuando no violen derechos de los demás.

El matrimonio es un contrato entre dos personas, legalizado por el Estado, cuyo objetivo no es el amor, como piensan muchos, sino la protección de estas dos personas ante cualquier adversidad: desde la reducción de impuestos y compartir los gastos médicos, lo que solo es permitido para los matrimonios legales en muchos países occidentales, hasta las cuestiones de bienes mancomunados y herencias en las que las personas no casadas pueden tener más dificultades en caso de surgir cualquier eventualidad imprevista.

En fin, no existen argumentos en contra del matrimonio entre las personas del mismo sexo. Para muchos países el problema es técnico-legal (cambio en sus respectivas leyes). Pero en ningún caso el "matrimonio gay" viola los derechos de los terceros que no están involucrados en la pareja. Recordemos que hace unas cuantas décadas los matrimonios mixtos (entre blancos y negros) estaban prohibidos y su legalización le pareció una aberración a los subnormales que repetían lo del "fin del mundo", "libertinaje", "dios creo...". Simplemente vive y deja vivir.

CAPITALISMO, UN SISTEMA BENEVOLENTE

Las primeras ciudades libres, el Renacimiento, la Era de los grandes descubrimientos geográficos, la Reforma protestante, la Ilustración, la Revolución industrial, la abolición de los absolutismos europeos… Estos y otros acontecimientos de la segunda mitad del segundo milenio de nuestra era cambiaron el paso de la historia de la humanidad. De la producción feudal y artesanal a la producción industrial. Del intercambio primitivo al moderno, basado en el mercado y en el capital producto del ingenio del individuo y de la propiedad privada.

Adam Smith, Jean-Baptiste Say, David Ricardo… Este nuevo modo de producción requirió de bases científicas y epistemológicas que explicarían el funcionamiento del libre intercambio entre personas libres, que actuaran sin coacción ni coerción; que dieran razones y argumentos de las ventajas del mercado libre y de los procesos económicos en los que imperaría el Estado de Derecho y el respeto de los derechos humanos naturales fundamentales: a la vida, a la libertad y a la propiedad privada.

David Hume, Arthur Schopenhauer, John Stuart Mill… El nuevo y moderno sistema económico basado en la propiedad privada y la generación del capital se basaron en las ideas éticas que darían razón a la interacción de los individuos dentro de la nueva sociedad humana que se estaba formando. Dicho de otra manera, la preocupación de los filósofos se centró en el estudio de una actitud hacia la realidad.

El capitalismo, que nace en las postrimerías del Medioevo, es un producto de la mente humana centrada en la productividad a través de la libertad. La búsqueda de la convivencia pacífica entre las personas y de la actitud basada en el respeto de los derechos individuales llevaron a definir los principios del liberalismo clásico, una teoría filosófica, económica y social opuesta al todas las ideas absolutistas - estatistas y colectivistas - que trataban de dominar la mente de las personas racionales (individuos) de aquellas épocas. Y siguen insistiendo: desde el comunismo y fascismo hasta el conservadurismo y fundamentalismo de toda índole.

No obstante, la mayoría de las personas – incluyendo a los académicos que por defecto deben ser racionales – no son capaces de comprender el valor del capitalismo y la actitud capitalista. De ahí que estas personas suelen llamar "capitalismo" lo que no es: el mercantilismo, el paternalismo o cualquier perversión moderna enfocada en la generación del capital, pero con actitud nefasta: corrupción, favoritismos y, en consecuencia, violaciones a los derechos ajenos.

Entonces, es necesario recordar que el capitalismo es definido como un sistema económico y social basado en la propiedad privada como medio de producción y generación del capital, y derivado de la acción libre, intercambio voluntario y el respeto hacia los derechos individuales.

Como cualquier sistema epistemológico, el capitalismo sirve de objeto de distintas ciencias, ideologías, sistemas filosóficos y éticos, a menudo contrarios entre sí en las visiones del papel del Estado benefactor, de las regulaciones, del tamaño del gobierno, etc. En un sistema - en este caso capitalista – el individuo no actúa de manera aislada sino en pro de la sociedad. Dicho de otra manera, el bien común es el conjunto de los bienes individuales y, hay que agregar, de las actitudes individuales.

Pero, el capitalismo verdadero, tal como lo conocemos en la práctica en sus manifestaciones en mayor o menor grado en los países con altos índices de desarrollo humano – Suiza, Suecia, Dinamarca, Finlandia, Islandia, Nueva Zelanda y otros – es un sistema benevolente basado en el libre mercado, Estado de Derecho (nótese que en ninguno de estos países existe la pena de muerte, el índice de violencia es casi nulo y la religiosidad es inexistente) y respeto a la propiedad privada.

No hay argumentos racionales a favor del "camino socialista" (lo mismo que comunista, fascista, fundamentalista, etc.). que solo promueve la violencia, ilegalidades y opresión. El ejemplo está en las vecinas Venezuela y Cuba.

EL AUTISMO. SER DIFERENTE, NO MENOS

El 2 de abril se conmemora el Día Mundial de Concienciación sobre el Autismo. En 2008 la ONU designó esta fecha para dar a conocer los problemas de las personas que viven con esta condición y cada año se suele dedicar este día a algún tema específico. Tema sumamente importante tomando en cuenta el artículo 12 de la "Convención sobre los derechos de las personas con discapacidad" que establece con justa razón la "capacidad jurídica en igualdad de condiciones con las demás en todos los aspectos de la vida".

Según las investigaciones, en promedio uno de cada 100 niños nace con el autismo – y esta cifra va en aumento, - de ellos la cantidad de los varones es tres veces mayor que las mujeres. No obstante, esta frecuencia, la mayoría de la gente desconoce qué es el autismo, cuáles son sus causas, señales y manifestaciones y qué implican en la vida de una persona.

A pesar de todos los avances en la ciencia y de la tecnología, el origen del autismo sigue siendo un enigma. Hay varias hipótesis sobre los factores que pueden influir: desde la genética hasta las vacunas a los recién nacidos. Sin embargo, ninguna de estas hipótesis ha sido probada aun.

Lo cierto es que el autismo no es una enfermedad, por lo tanto, es imposible curarlo. Es más, no existe "un solo autismo" sino son trastornos con algunos síntomas comunes pero que se manifiestan en grados diferentes. Por eso actualmente los neurólogos y los psiquiatras se refieren al Trastorno del Espectro Autista (TEA) que abarca un conjunto de 4 grados de este síndrome, según la complejidad de las señales: desde los más graves que impiden la comunicación y gran parte de las relaciones interpersonales hasta los leves

– síndrome de Ásperger – que provocan ciertas limitaciones comunicativas y afectivas, pero en menor medida.

Los síntomas del TEA se manifiestan en los primeros meses de la vida. Los más comunes se relacionan con el comportamiento, la interacción social y con la capacidad limitada de comunicación: el niño no se deja tocar, no intenta pronunciar sonidos con significado, no puede señalar con el dedo los objetos que desea conseguir, no imita a los adultos o a otros niños, no mira a los ojos, realiza los movimientos repetitivos o "raros" (como gatear en círculos o andar de puntillas), a menudo hace rabietas sin aparente motivo, etc.

El grave problema es que muchos padres atribuyen estas señales a las "rarezas" del carácter del niño, incluso, castigan a los niños que presentan uno o varios síntomas. Y los niños que no son diagnosticados – a tiempo o nunca – crecen sufriendo tanto de *bullying* en los colegios como de maltrato físico y psicológico de parte de sus padres, hermanos y demás familiares. En los foros de los adultos con el TEA y en los grupos de apoyo se puede constatar, a través de los testimonios vivos, estos problemas. Incluso, hay casos cuando los padres prefieren simplemente no ver el problema, creyendo, en su ignorancia, que se resolverá solo. A raíz de esto los niños se aíslan, crecen completamente solitarios y sin recibir el apoyo ni siquiera de sus padres y hermanos.

Hay que resaltar que las personas con el TEA son, en primer lugar, individuos. El compartir el diagnóstico no los convierte ni en los enfermos con la misma enfermedad ni en las personas iguales. Cada uno, como cualquier individuo, es diferente, con sus preferencias, su carácter, sus gustos, sus pasatiempos favoritos, sus capacidades intelectuales.

Los hay muy inteligentes y los hay menos inteligentes; algunos casi no hablan o nunca hablan, mientras que otros hablan por los codos; algunos tienen una memoria fotográfica y otros no retienen la información; unos son amorosos con sus seres queridos y otros son fríos y prefieren soledad; los hay misántropos y los hay filántropos; pueden ser comunistas, conservadores, liberales o apolíticos; hay quienes prefieren las artes y otros prefieren las ciencias; algunos manejan autos "como locos de la pista" y otros tienen miedo conducir; los hay heterosexuales, homosexuales, bisexuales e, incluso, transgénero; los hay excelentes padres y los hay padres mediocres e indiferentes; hay muchos a quienes les encanta viajar por el mundo y hay otros muchos que prefieren no despegarse de la computadora o de los juegos electrónicos... En fin, cada uno es individuo, como casi todos en este mundo.

Eso sí, existen las características comunes que son beneficiosas para unos y desastrosas para otros. La comunicación no es su lado fuerte: les cuesta comprender metáforas, dobles sentidos, chistes, pero suele mejorar con los años. Lo que asusta e, incluso, ahuyenta a muchos conocidos y amigos de las personas con el TEA es su falta de empatía, sobre todo en los niños, que no son capaces de "leer" las emociones y las sutilezas. Sin embargo, hacen el mejor esfuerzo posible para aprenderlo... Suelen tener intolerancias y hasta miedos de algunos sonidos, olores, voces y hasta personas.

Otra característica que suelen compartir las personas con el TEA es la franqueza y la honradez, no saben mentir ni engañar. No saben siquiera ocultar la verdad. Para sus padres comprensivos son los mejores hijos que se puede desear. Para los amigos fieles son los mejores amigos que uno puede tener. Para sus parejas son novios, amigos, compañeros y amantes a la vez. Eso sí, es obligatoria la reciprocidad y la dedicación. Son personas que detectan cualquier falsedad en cualquier relación, por eso les es difícil conseguir relaciones estables como a cualquier persona en el mundo.

Yo tengo suerte de tener a alguien tan especial en mi vida. Hace diez años conocí a una persona maravillosa con el TEA. Primero fue una amistad sólida y profunda que con el tiempo se convirtió en el amor. Desde hace varios años estamos felizmente casados y no podría yo pedir más de mi destino y de mi suerte. Mi persona ideal es perfecta en todo, quizá porque yo la veo así. Es el ser más inteligente que he conocido – con estudios universitarios hasta el doctorado y con su empresa - más fiel, sincero, comprensivo y cariñoso. Me dejó entrar en su mundo y espero seguir allí hasta mi último respiro. Es un mundo muy transparente, genial en su sencillez y sin complicaciones innecesarias a las que tendemos las personas "normales".

Así que, viva el respeto hacia la diversidad de las condiciones humanas. Abramos la mente, oídos y ojos y aprendamos a respetar para ser respetados. En todos los sentidos.

18 BRUMARIO
DE LAS LIBERTADES INDIVIDUALES, O ¿CÓMO Y POR QUÉ LA MASA PREFIERE LA SEGURIDAD A LA LIBERTAD Y AL FINAL PIERDE AMBAS?

Ser independiente es cosa de una pequeña minoría, es el privilegio de los fuertes. ... El hombre libre es inmoral, porque en todas las cosas quiere depender de sí mismo y no de un uso establecido.
(Friedrich Nietzsche)

En los últimos 220 años los derechos individuales y la libertad en general fueron afectados directamente por tres eventos importantes. Y los tres eventos sucedieron en la misma fecha con décadas de diferencia: en 1799, 1917 y 1989. La fecha es, según el calendario republicano francés, el 18 Brumario, que corresponde, dependiendo del año, al 7, 8 y 9 de noviembre del calendario gregoriano.

Los tres sucesos marcaron la historia de la humanidad y la transición de la modernidad a la actualidad (pasando por todas las épocas "post": postmodernidad, posguerra, "posthistoria", etc.). El primero de estos eventos, que tuvo lugar en 1799, fue el Golpe de Estado que dio Napoleón Bonaparte al Directorio francés, iniciando así la caída de la Primera República Francesa e instaurando (en 1804) el Primer Imperio francés. Luego, en 1917 estalla la Revolución Rusa que, el 8 de noviembre de aquel año, permite que un pequeño y desconocido para muchos *Partido Socialdemócrata Obrero (de los bolcheviques) de Rusia* (rebautizado posteriormente como *el Partido Comunista de la Unión Soviética - PCUS*) se apropie del poder e imponga el socialismo (mal llamado "marxismo" por su líder Vladimir Ulyanov-Lenin) como la doctrina dominante - y luego la única - en el país más grande del mundo. El mismo día, 8 de noviembre, pero 72 años después inicia el aparente derrumbe del socialismo, junto con el derrumbe de la Unión Soviética y sus "aliados", con la caída del *Muro de la Vergüenza* - Muro de Berlín.

Se ha dicho y se ha escrito mucho sobre estos tres eventos de impacto universal. Y cada uno de ellos provocó cambios no solo en el orden social establecido, en las vidas particulares, en las culturas y en la política; sino también en la mentalidad de las personas, en su percepción del mundo y, lo más importante, de la libertad y de la seguridad. No vamos a detenernos en la Francia de finales del siglo XIX - a pesar de su papel sumamente importante en el surgimiento y desarrollo de las ideas sobre la libertad - pero sí nos detendremos en la revolución rusa y lo que provocó y marcó a partir de los principios del siglo XX.

Los bolcheviques - los comunistas - son, sin duda alguna, responsables de millones de vidas perdidas en el transcurso de tan solo 80 años. Son responsables indirectos del surgimiento del fascismo en la Italia de Mussolini, de Hitler y de la Alemania Nazi, de todos los movimientos "insurgentes" en todos los continentes y de las pérdidas millonarias en las economías de todos los países donde se han metido.

Esa fue la razón principal del porqué el mundo celebró la caída del Muro de Berlín y creyó que la unificación de dos partes de una misma ciudad y de dos partes de un mismo país, Alemania, sería el símbolo de la libertad en todos los sentidos de la palabra. La caída del Muro ayudó a cambiar poco a poco la percepción de mundo que tenían los habitantes de los países "socialistas". Apenas dos años después, el 17 de agosto del 1991, en la Unión Soviética la abrumadora mayoría de nosotros, los que vivíamos detrás de aquel muro, repudiábamos el intento del Golpe de Estado que los decrépitos miembros de la élite del PCUS intentaron dar al presidente-reformador Mijaíl Gorbachov con la intención de acabar con las reformas, *la Perestroika* y *la Glasnost*, con el objetivo declarado de regresar a las vieja y conservadora política interna soviética; además de detener las inminentes independencias de las repúblicas-miembros de la URSS, que habían sido anexionadas violentamente en los años 1940: Estonia, Letonia y Lituania.

La propia Rusia, gobernada en aquel entonces por Yeltsin, partidario de las reformas liberales, estaba rumbo a la independencia de la URSS.

Todo ello horrorizaba a los dirigentes del PCUS. Y fue la segunda vez durante el siglo XX cuando nosotros, el pueblo soviético, nos unimos para resistir al ataque a nuestras nacientes libertades, nos opusimos a regresar al sistema que había convertido el país entero en un enorme campo de concentración. La primera vez, cuando el pueblo estaba tan unido a pesar de todas las diferencias personales e, incluso, sociales, había sido durante el ataque de Hitler a la URSS en la II Guerra Mundial.

En aquella batalla en agosto del 1991 ganamos, todo el pueblo creyó que la libertad estaba a la vuelta de la esquina. Estábamos borrachos de estas ideas de la libertad. Nadie nunca había oído la palabras "libertad individual", eran dos palabras que quizá mejor expresaban el sueño que teníamos desde que vimos que las personas en los países occidentales - "capitalistas" -, a pesar de todo lo negativo con lo que la propaganda soviética nos alimentaba a diario a través de los medios de comunicación oficial (y única en la URSS), tenían el nivel de vida incomparablemente más alto que nosotros, se veían más libres, podían viajar, podían vivir donde quisieran, estudiar lo que quisieran, trabajar mucho y ganar mucho, comprar lo que en la URSS existía solamente en la literatura de ciencia ficción. En fin, el pueblo en masa dijo "no" a la esclavitud y creyó estar cerca de la libertad. Y lo más importante: obtuvimos acceso a la información.

El derecho a la información que ganamos en la URSS abrió los ojos sobre la realidad en la que vivíamos, los horrores que había cometido el régimen soviético en el mundo y permitió conocer qué es el capitalismo de verdad, qué es el libre mercado, emprendimiento, desarrollo individual y la vida en sí misma. Los filósofos, politólogos e historiadores liberales consideraron que la caída del Muro de Berlín, el cambio de los sistemas políticos en los países exsocialistas europeos y la desintegración de la URSS demostraban que el sentido común venció, que lo que venía era la nueva era histórica donde el concepto de la libertad individual (y social también) ya no estarían en peligro, a pesar de que aun quedaban algunos reductos del "socialismo" en el mundo pero estos, sin tener más el sustento, caerían por sus propios medios: Cuba, Corea del Norte y algunos países africanos.

Incluso Francis Fukuyama[18] se atrevió a decir que era "el fin de la historia" y que el nuevo hombre estaba a punto de nacer. Sin embargo, han pasado ya varias décadas, y el dinosaurio sigue allí. Los regímenes inhumanos, basados en los residuos del desechado socialismo, en Cuba, Corea del Norte, Angola y uno que otro país, siguen existiendo. Eso en el mejor caso. En el peor, sobre los escombros del socialismo nacieron los nuevos autoritarismos basados en la co-

---

[18] Fukuyama, Francis. (1992). *The End of History and the Last Man.* NY: Free Press.

rrupción, oligarquía y la perversión del concepto de la "propiedad privada" que se desconfiguró en la "apropiación privada": Rusia, Bielorrusia, los países caucásicos (excepto Georgia), de Asia Central, Nicaragua y Venezuela.

Mientras que unos países que conformaban la URSS son prósperos, con mejores índices de las libertades individuales y bajos índices de violencia (por ejemplo, Estonia, Letonia, Lituania, Georgia), otros van contra la vía y contra el sentido común, o de retroceso. ¿Por qué algunos países sí han podido avanzar gracias a los individuos y otros, al contrario, se encierran más y más en el pasado, suprimiendo al individuo y creando otra vez la masa de seres irreflexivos?

La historia le dio la razón a José Ortega y Gasset quien en 1930 aseguró que "las masas, por definición, no deben ni pueden dirigir su propia existencia[19]", lo que fue demostrado con mayor fuerza en la URSS de Stalin y lo que le siguieron en la Italia fascista, en la Alemania nazi, en la España franquista, en la Cuba castrista y en un sinfín de los regímenes totalitarios.

No obstante, resulta que este concepto, "masa", no desapareció con la desaparición del totalitarismo soviético, sino que fue resucitado, curado y reforzado, cual un enfermo moribundo sometido a un tratamiento experimental que le salvó la vida. El ejemplo claro de la fuerza de la masa y su poderío, sobre el que se construyeron los autoritarismos actuales aun más crueles, son la Rusia y la Venezuela actuales, gobernadas por dos regímenes oligárquicos ilegítimos. Indiscutiblemente, la manipulación y la propaganda han tenido un papel fundamental en la construcción de la

---

[19] Ortega y Gasset, José (1999). *La rebelión de las masas*. Barcelona: Espasa Lobros S. L. U., pág. 14

realidad que permite a los regímenes autoritarios aun mantenerse en el poder.

En la teoría de la comunicación la manipulación se opone a la argumentación y es una de las estructuras de razonamiento habituales si no únicas en ciertos tipos de discurso: en el político, periodístico, religioso, en la publicidad. En efecto, cuando se trata de las promesas, la argumentación es poco eficaz y la manipulación comunicativa forma bases de las estrategias muy convenientes.

La manipulación lingüística consiste en la violación consciente de las leyes de razonamiento o, por el contrario, en la habilidad de su aplicación con el objetivo de la persuasión del interlocutor inexperto: violación del principio de razón suficiente cuando las pruebas son correctas pero insuficientes; el uso constante de todo tipo de falacias de causas insuficientes y de razones irrelevantes en las que las conclusiones salen de las causas y razones incorrectas, etc.

Los casos curiosos de la manipulación son los estudios dedicados a la propia manipulación. Prueba de esto es el artículo *Las estrategias y las tácticas de los Amos del Mundo para la manipulación de la opinión pública y de la sociedad*[20] escrito por el socialista francés Sylvain Timsit y publicado en su blog en 2002 en francés y en español simultáneamente.

En poco tiempo muchos periódicos del mundo, sobre todo de izquierda, copiaron este artículo, pero, de manera extraña, todos lo atribuyeron a Noam Chomsky quien no tenía nada que ver con la publicación.

Dejando de lado este error, el artículo hace creer que solo los capitalistas utilizan la manipulación para convertir a los pobres en más pobres.

---

[20] http://www.syti.net/ES/Manipulations.html

Sin embargo, son base de cualquier discurso propagandístico y, como se sabe de la historia, precisamente los regímenes autodenominados "socialistas" han recurrido a ella a través del populismo para perpetuarse en el poder. Aunque, en 1998 el propio Noam Chomsky había publicado en coautoría con el economista Edward Herman el libro *Los guardianes de la libertad*[21] en el que confirma que en realidad la propaganda no es propia de ninguna ideología concreta: tanto la izquierda como la derecha política utilizan el mismo modelo. La propaganda y la manipulación son dos caras de la misma moneda.

Es indudable el papel histórico primordial de la manipulación y coerción discursiva en general en los estados con regímenes totalitarios. En la Alemania nazi ni en la Unión Soviética (donde fueron creados, incluso, ministerios de propaganda) existía el discurso político en su concepción tradicional, como tampoco ha existido una prensa libre e independiente del estado. Su lugar fue ocupado por la propaganda cuya importancia en una sociedad basada en el temor hacia el propio estado fue fundamental.

A diferencia de una propaganda constructiva que pretende transmitir las ideas de un grupo con el fin de llegar al poder o ganar adeptos, la propaganda totalitaria juega un papel destructivo, se basa en la imposición estatal, sin lugar a las ideas contrarias (sin posibilidad de oposición), creando una figura del enemigo común para el estado y de esta manera creando una falsa idea de la unión de la población alrededor de esta idea.

---

[21] Chomsky, Noam y Edward S. Herman (1990). *Los guardianes de la libertad.* Barcelona: Crítica

Se puede comparar el uso de la manipulación en la propaganda constructiva y en la destructiva a través de los artículos de opinión en la prensa. En Guatemala, México o España, por ejemplo, los grupos de opinión suelen estructurar sus mensajes utilizando estrategias de manipulación, no obstante, esta práctica periodística puede considerarse propaganda constructiva por permitir al lector interesado comparar las dos versiones y, en caso de tener el lector la capacidad de razonamiento suficiente, sacar las conclusiones.

No así es el caso de la prensa venezolana, controlada ya casi por completo por el estado a través de los órganos oficiales de propaganda cuyo objetivo es no admitir las ideas contrarias al régimen vigente en el país. El público-objeto de la manipulación a través de esta propaganda prácticamente ya no tiene posibilidades de escoger las opiniones para compararlas y de esta manera se ha formado un estado autoritario con el pleno dominio no solo de la mente de la población sino también de su voluntad.

El caso semejante es en Rusia, donde aun existen medios de comunicación con las visiones contrarias a la oficial, pero el estado, por dominar los espacios de comunicación, dispone de las fuerzas propagandísticas suficientes para limitar el acceso de la población a la propaganda constructiva. Estos casos son representativos de un sistema cuyo único objetivo es el pleno control de la sociedad por medio del control de la conciencia de la gente, donde se impone una aparente verdad absoluta que legitima el poder total del estado o de un partido que ocupa el lugar del estado.

Veamos el caso de Rusia y de su actual sistema autoritario. El gobernante con su régimen político ha logrado convertirse en autoritario con el amplio apoyo de la masa, mientras que la élite económica - la oligarquía postsoviética que se enriqueció de manera ilegal en la década de 1990 - en contubernio con la vieja élite política soviética, convencieron a la población (que aspiraba a las libertades y soñaba con un país próspero, libre y desarrollado) a entregarles las libertades a cambio de la promesa de la seguridad.

Analicemos esta situación del porqué la masa prefiere la seguridad a la libertad y al final pierde ambas (sin olvidar el proceso de la transformación del individuo en la masa) con el ejemplo de Rusia para poder aplicar esta información a cualquier sociedad.

Además de la fuerza de la manipulación mediática, hay dos factores esenciales en esta transformación del individuo a la masa en las épocas actuales: factor externo - social, político, histórico y económico -, y el interno - psicológico. Veamos ambos factores y su papel en la fuerza de un gobierno autoritario y el apoyo que obtiene de la masa.

En 1996, época turbulenta de la historia de la Rusia postsoviética, en la escena política local aparece un pequeño hombre de apariencia insignificante que, gracias a sus relaciones personales, ocupa el cargo de vicegerente de la Presidencia de Rusia (se ocupa de suministros). En 1998 este personaje se convierte en el vicejefe de la Administración del Presidente de donde, pocos meses después, pasa a ser director del Servicio Federal de Seguridad (FSB, ex-KGB). Se trata de Vladimir Putin, quien en diciembre del 2018 cumple 19 años al mando del país más grande del mundo.

Durante los cargos previos a la presidencia Putin permanecía fuera del foco público y la mayoría de los rusos no sabía de su existencia. Los medios de comunicación no le dedicaban ninguna atención, en parte debido a la difícil situación económica del país en aquella época después de la desintegración de la URSS, y en parte debido a los escándalos públicos y la guerra en Chechenia. Finalmente, en 1999, para sorpresa de los rusos, el entonces presidente del país Boris Yeltsin nombró a Putin como el Primer Ministro (segundo al mando del estado), cargo que lo haría saltar hacia el puesto máximo después de la renuncia de Yeltsin gracias a que la Constitución establecía que, en caso de la ausencia del presidente, el Primer Ministro ocuparía su puesto.

Ahí comienza la así llamada *era de Putin* en la historia contemporánea rusa y universal. Como herencia de su antecesor, Putin recibe un país dividido como nunca, tanto a nivel político como económico. A todo ello se le añaden las ideas separatistas de las repúblicas caucásicas, donde la población en su mayoría pertenece a otras etnias, distintas a la rusa. Las políticas económicas postsoviéticas ("economía de mercado") del presidente Yeltsin y de sus asesores no habían obtenido los resultados esperados debido a la tradicional burocracia, desmesurada corrupción y la política económica de privatización realizada a medias. La economía se seguía sumergiendo en un caos de incompetencia y de la mafiosidad de las absurdamente grandes estructuras estatales.

Al resultar en el poder, Putin ("el gobierno") comienza a apropiarse de las empresas importantes, el gobierno, por ende, logró recaudar más ganancias financieras para mantenerse y para compartir, en el grado mínimo, con el pueblo para que este se sintiera "orgulloso" y "seguro": se construyeron algunas carreteras, se subió el sueldo mínimo y las pensiones, etc.; en pocas palabras, se contentó al pueblo, aunque el pueblo no se dio cuenta de que le subieron impuestos y los precios crecieron mucho más que los sueldos.

A mediados de los años 2000 sorpresivamente los precios del petróleo, del gas y de otras materias primas (productos más importantes del subsuelo del país) alcanzaron los niveles más altos en las últimas décadas. Esto ayudó a pagar una gran parte de la deuda nacional y exterior y a convencer al pueblo de que existe el bienestar que cayó sobre Rusia gracias a los logros personales del presidente.

Incluso de los fracasos de la política interna del país el gobierno sacó tanto provecho como pudo, gracias al dominio de la información pública. Ni los ataques terroristas con explosivos a las casas-condominios en Moscú en 1999, ni el trágico final del submarino Kursk en el que murieron muy lentamente durante varios días del agosto del año 2000, sin que la ayuda nunca llegara, 118 marinos, en su mayoría muchachos jóvenes; ni la toma de rehenes por los rebeldes chechenos en un teatro de Moscú en 2002 y su fallida "liberación" por parte de la fuerza estatal (en la que perecieron 67 personas que asistían a un musical); ni la toma por los terroristas de una escuela en Beslán en 2004, donde murieron, por culpa del ejército que los trataba de "liberar", más de 330 rehenes, casi todos menores de edad: nada de esto cambió la opinión de la mayoría del pueblo sobre su nuevo gobernante.

Los romanos tenían la razón al decir que la masa, para ser feliz, sólo necesita pan y circo. La participación en todas las elecciones ha sido muy elevada, inclusive en las elecciones a la Duma Estatal en diciembre del 2007 hubo, según los datos oficiales, hasta 105% de votantes. Es absurdo, pero así es. Ganó, por supuesto, el partido del "líder" – *Rusia Unida*, apodado entre la gente como "partido de los ruines y de los ladrones", por la misma gente que votó por este partido.

Desde el 1999, año cuando Yeltsin renuncia a la presidencia de Rusia y la "hereda" Putin, este viene aniquilando las bases republicanas del gobierno. Y qué ironía: el país cuyo nombre oficial es Federación de Rusia de federación no tiene absolutamente nada. La división de los poderes ya es inexistente en Rusia.

Tanto los jueces, como los diputados del parlamento (la Duma Estatal) y los senadores (el Consejo de la Federación) se han convertido en los siervos del régimen gobernante. Ya ni hablar del gobierno con los ministros. El ejemplo claro es el ministro de relaciones exteriores Serguei Lavrov, cuya manera soez y ordinaria de "poner en su lugar" a los que no están de acuerdo con las políticas de su jefe es legendaria en el mundo.

Putin, este personaje de la misma estatura que Hitler y Stalin y, como él mismo ha manifestado más de una vez, seguidor de este último en la política, ha traspasado la delgada línea entre el autoritarismo y el totalitarismo. Está en la recta final para llegar a este punto, "apoyado por la mayoría". El populismo, la manipulación de las mentes débiles de sus súbditos y las desmedidas ansias de lo que él llama "restablecer el poderío de Rusia en el mundo", pero que en realidad es su aspiración enfermiza al poder absoluto, todo ello ha hecho su efecto.

Cada mañana la hojeada de la prensa rusa, controlada por el gobierno (los últimos años han cerrado casi todos los medios de comunicación independientes en el país), podría convertirse en un reto para la psiquiatría moderna. Por un lado, es un *déjà vu* de la prensa soviética de hace 30 años ("somos el mejor país del mundo, liderado por el mejor jefe que haya habido en la faz de la tierra", "estamos rodeados de los enemigos conocidos, desconocidos y por conocer", "el mundo está lleno de nazis, fascistas, rusófobos, judíos, yanquis y homosexuales" y todos los anteriores "pagados por el Departamento de Estado") y por el otro, las mentiras más burdas con las que alimentan a la masa irreflexiva ("no hay ejército ruso en Ucrania", "Ucrania es un país creado por Lenin gracias a nosotros, por eso nos pertenece", "los EE.UU y la UE imponen sanciones a todos los ciudadanos de Rusia", "los que toman rehenes en el Sur de Ucrania son manifestantes pacíficos", "los EE.UU persiguen a los ciudadanos rusos en el exterior y los encarcelan en los EE. UU.", "somos el país más importante del mundo por eso nos tienen envidia", "el lobby judío...", "el lobby homosexual...", "el lobby neoliberal..." etc.).

Las noticias diarias sobre las nuevas leyes aprobadas por el parlamento es otro caso digno de ser estudiado por los especialistas en salud mental. Literalmente cada día se aprueba una nueva ley o decreto que prohíbe. Están prohibidos la "propaganda homosexual", la adopción de los huérfanos por los extranjeros, la difusión de las culturas ajenas a la rusa, la salida de los "morosos" al extranjero, los viajes al extranjero a los policías, la desobediencia a las autoridades, realizar manifestaciones, la crítica a la religión, la crítica al gobierno (eso se llama en Rusia "extremismo" por lo que los jueces - que no tienen independencia - han encarcelado en los últimos 18 años a más de 5000 personas). Las leyes que obligan, controlan, piensan por la masa, hacen a la masa creer que hay más seguridad. Como cualquier régimen autoritario, el putinismo se defiende de sus propios ciudadanos en lugar de defenderlos a ellos. Así el país se ha transformado en un estado de las prohibiciones, basado en la coerción y la coacción.

El miedo, fundamental en un estado autoritario, se infunde por el encarcelamiento de los opositores al régimen, entre ellos muchas personas no públicas. Por ejemplo, uno de los opositores más importantes, Aleksey Navalny, fue arbitrariamente juzgado por "corrupción" (qué ironía) pero, por presión internacional, fue absuelto; sin embargo, durante los últimos años Navalny es detenido varias veces al año y encarcelado por períodos de una semana a dos meses. Además, han sido asesinados varios periodistas (el caso más sonado es de Anna Politkovskaya), líderes de la oposición (por ejemplo, Boris Nemtsov), empresarios...

Y qué decir de la violencia: según el índice de asesinatos (de 10 a 15 por cada 100 mil habitantes, dependiendo de la fuente de la información) Rusia es el país más peligroso en Europa y uno de los más peligrosos en Asia.

La situación económica del país es más que lamentable. Lo poco que queda de la economía se basa únicamente en la industria extractiva. El aparato burocrático y, por ende, la corrupción, crecieron dos veces en los 18 años. De los 140 millones de habitantes, 40 millones trabajan para el estado y perciben sueldos del presupuesto estatal y 40 millones son jubilados con las pensiones pagadas por el estado. Con todo ello tanto la educación como la medicina son estatales sin inversión ni modernización y es casi imposible abrir una clínica o una escuela privadas.

Un dato más: una de las últimas prohibiciones legales se refiere a la importación de los equipos médicos. Y esto en un país que no puede producir ni siquiera jeringas suficientes para los hospitales. Para comprobar todo ello, se puede acudir a los numerosos índices que se presentan cada año sobre múltiples aspectos sociales de cada país del mundo. Y, por cierto, todos estos índices son bastante odiados por la propaganda rusa porque desmienten lo que con tanto esmero se crea en las mentes débiles, sobre todo de los propios rusos.

Por ejemplo, los últimos estudios sobre la libertad económica y sobre la percepción de la corrupción, realizados por *The Heritage Foundation* y por *Transparency Internatio-nal*[22] respectivamente, ubican Rusia entre los estados más fallidos en las áreas indicadas. En ambos casos Guatemala, por ejemplo, está mejor evaluada que el país asiático: en el lugar 139 (de 171) en el primer índice, siendo "economía controlada" (¿por Putin y sus allegados?), mientras Guate-mala está en el puesto 85, "economía moderadamente li-bre". En el segundo ranking Rusia está en el lugar 127 de 177, uno de los países más corruptos del mundo. Y todo eso a pesar de tener el PIB entre los más altos.

Otro estudio que hay que tomar en cuenta es el Índice Global de la Paz (*Global Peace Index*). Según la organización *Vision of Humanity*, que realiza y distribuye esta investiga-ción, Rusia resulta ser uno de los estados menos pacíficos en el mundo (lugar 152 de 162), justo antes de Corea del Norte y a la par de tan "distinguidos" estados como Iraq, Af-ganistán, Pakistán, Sudán o República Centroafricana. Claro está, la propaganda oficial ni siquiera menciona estos hechos. Básicamente, la idea de toda esa propaganda con-siste en repetir las mentiras de lo estable que es la economía rusa, lo grande que es Putin porque "se opone a la hegemo-nía de los EE. UU. y del Occidente".

Además de ocultar la verdad, el papel de la propaganda del régimen en Rusia es de distraer a la masa. De esta ma-nera, se aprovecha el papel que juega la TV en un país con el acceso a internet bastante limitado. La TV, vulgarmente lla-mada en Rusia "*zombie*-caja" es la única fuente no solo de información sino también de diversión para la mayoría de la

---

[22] Todos estos datos pueden ser consultados online en las páginas web de las organizaciones mencionadas

población rusa. Se puede, entonces, imaginar la calidad y el contenido que se transmiten...

Por otro lado, está el factor interno, psicológico, que influye en el rechazo por el hombre-masa de la libertad a favor de la seguridad, sin que se dé cuenta de que al fin y al cabo va a perder las dos. Al ex-Primer Ministro y escritor británico Benjamin Disraeli, el dramaturgo Bernard Shaw y psiquiatra austriaco Sigmund Freud se les atribuye la frase "La libertad significa responsabilidad; por eso, la mayoría de los hombres le tiene tanto miedo".

La libertad parece una utopía para muchos, mientras que muchos también tratan de huir de la responsabilidad; a menudo, sin darse cuenta de ello. Los psicólogos han dedicado bastantes estudios a este fenómeno de la huida de la libertad por el miedo a la responsabilidad. Aunque los liberales creemos que la libertad individual es un valor absoluto, hay quienes consideran lo contrario.

Erich From consideraba el autoritarismo uno de los mecanismos para no solo suprimir la libertad, sino también huir de ella.El carácter autoritario se manifiesta tanto en las aspiraciones de someter a los demás a su propia voluntad, como en las ansias de ser sometido o subordinado a la voluntad ajena. La relación del régimen autoritario con la masa es parecida al sadomasoquismo donde las dos partes ganan obteniendo el placer[23].

Como es sabido, cualquier régimen autoritario en primer lugar debe suprimir al individuo, convertirlo en masa, lo que se logra jugando con las emociones y las pasiones. No existe la razón ni la reflexión en el proceso de "masificación".

---

[23] Véase: Fromm, Erich (1994). *El dogma de Cristo.* Buenos Aires: Paidós; y Fromm, Erich (2005). *El miedo a la libertad.* Buenos Aires: Paidós

Se utilizan conceptos propios de las debilidades del ser humano. Aquí la educación estatal, compulsiva juega un papel esencial. También hacen lo suyo las iglesias que suelen ser aliadas muy íntimas de los gobiernos autoritarios, como es el caso de Rusia y de otros países.

La educación estatal, convertida en el adoctrinamiento, se vuelve obligatoria, corre por cuenta del estado. Se crean personas con el carácter autoritario cuya filosofía de la vida se basa en las pasiones en vez de las razones. A estas personas, las piezas de la masa, les gustan (o se les hace creer que les gustan) las condiciones que limitan sus libertades, sobre todo, porque la libertad es algo abstracto y lejano, mientras que la seguridad es algo concreto, aquí y ahora. Se les hace creer a estas personas que las fuerzas superiores, como el destino, son su voluntad y sus limitaciones que no pueden ser cambiados.

El gobierno es cosa del destino por eso no es posible para la masa oponerse al autoritarismo, queda solo resignarse, contentarse y "ser felices". Todo el poder, en el imaginario de la masa, es cosa del destino, por eso el poder político debe ser la autoridad indiscutible.

Podemos recordar a Chávez con sus constantes evocaciones del poder divino que, según él, le concedió la autoridad de gobernar, sus alusiones al papel superior de su movimiento socialista en el destino de su país, Venezuela. La misma estructura psicológica ha sido utilizada por Putin en Rusia, Lukashenko en Bielorrusia, y todos los demás líderes de los regímenes autoritarios.

Otro rasgo pasional que se crea en la masa es la adoración del "glorioso" pasado del pueblo. Es obvio - para la masa - que lo que ya ha existido, es lo que se debe reforzar porque ya ha existido, está probado que puede existir. Crear algo nuevo, aspirar a algo nuevo, aunque este nuevo sea muchas veces mejor, es algo utópico, una locura si no un delito. En fin, lo nuevo suele asustar hasta a los seres más racionales, a los individuos.

En fin, se forma la mentalidad de la masa basada en la convicción de que la vida está determinada por las fuerzas superiores independientes de la voluntad individual. La única forma posible de vivir en seguridad (y ser felices) está en la subordinación a estas fuerzas. Los que van en contra de esta idea ("la oposición") se declaran "locos", "delincuentes", "estorbo para el desarrollo común".

Con todo ellos, la masa, creada a partir de estos juegos psicológicos, cree solo en la autoridad del poder político, en el régimen gobernante. Ni siquiera se imagina su existencia sin este poder. Pero este poder debe tener una fuerza descomunal para tomar decisiones y para mantener la seguridad, aunque sea de apariencia. Podemos comprobar todo ello en la actitud y el comportamiento de la masa en los países con regímenes autoritarios que ya mencionamos: Rusia, Venezuela, Cuba y otros. Podemos ver el poder de las "autoridades" de movilizar las hordas de sus seguidores tanto en el sentido literal, en las calles, como en el sentido figurado, por ejemplo, en las redes sociales, para contrarrestar y atacar a cualquiera quien se atreve a oponerse a la "felicidad común".

Cualquier gobierno autoritario se basa en el apoyo de las masas, con la premisa de que el hombre (como especie) necesita la seguridad por encima de la libertad. La diferencia entre el autoritarismo en Rusia y, por ejemplo, en Venezuela consiste en que en esta última el régimen se tambalea más fuerte y tiene mayor probabilidad de caer en cualquier momento porque no ha logrado la seguridad prometida a la masa, pero sí cobró por adelantado las libertades. Mientras que en Rusia, gracias a distintos factores, aprovechados por el régimen actual, la masa está engañada, creyendo que dispone de la seguridad (de todo tipo) y que no necesita las libertades: a tal grado que la propia palabra "liberalismo" en ruso es una grosería y "ser liberal" se usa para insultar.

De esta manera, vemos que lo que parecía imposible hace casi treinta años - el surgimiento de los nuevos autoritarismos y el fin de del estado del hombre-masa y su conversión en el individuo - se ha hecho realidad. Tal parece que la gente pensante, sobre todo nosotros, los liberales, celebramos tanto el inminente fin de la esclavitud en el mundo que no nos dimos cuenta, o lo hicimos tarde, de que esta esclavitud solo tomó formas más modernas, pero sigue ahí. Las únicas maneras de destruir la masa y dejar que se convierta en individuos pensantes que ansíen tener y luchen por los derechos individuales, son las nuevas formas de educación que utilicen la tecnología. No hay de otra.

EL DEPORTE Y LAS LIBERTADES INDIVIDUALES: UNA SIMBIOSIS (IM)PERFECTA

INTRODUCCIÓN

El deporte, en sus múltiples formas y disciplinas, es una práctica que abarca mucho más que la mera competición física. No sólo es un reflejo de la condición humana, sino también un espejo que refleja aspectos sociopolíticos y económicos de nuestra sociedad. Este ensayo explorará las complejas interrelaciones entre el deporte, las libertades individuales y el libre mercado.

Históricamente, el deporte ha sido tanto un catalizador como un reflejo de cambios sociales y culturales, y ha desempeñado un papel significativo en la promoción de valores como la igualdad, la meritocracia y el respeto por las reglas. Sin embargo, la relación entre el deporte y las libertades individuales no siempre ha sido sencilla. A veces, la disciplina del deporte y las demandas de la competición pueden entrar en conflicto con los derechos y libertades de los individuos.

Por otra parte, el deporte se ha convertido en una gran industria que opera dentro de la economía de libre mercado, donde se negocian contratos multimillonarios y se comercializan derechos de transmisión y patrocinio. Los deportistas, a su vez, se convierten en actores dentro de este mercado, teniendo que aprender a manejar sus carreras y su imagen como si fueran una marca personal.

A lo largo de este ensayo, exploraremos cómo la competición deportiva puede fomentar la comprensión y el respeto por los derechos individuales y cómo los atletas pueden aprender sobre el libre mercado a través de su participación en el deporte. Del mismo modo, analizaremos los desafíos que estas relaciones pueden presentar y cómo pueden ser gestionados de manera efectiva.

Al final, buscamos ofrecer una visión completa y matizada de la interacción entre el deporte, las libertades individuales y el libre mercado, y cómo esta interacción puede mejorar la experiencia deportiva, promover valores positivos y contribuir al desarrollo integral de los deportistas y de la sociedad en general.

El deporte, especialmente a nivel profesional, a menudo requiere un alto grado de disciplina y compromiso que puede restringir las libertades individuales de varias maneras. Por ejemplo, los atletas pueden estar sujetos a horarios de entrenamiento rigurosos, dietas estrictas y reglas de comportamiento tanto dentro como fuera del campo, que limitan su libertad para hacer lo que quieran con su tiempo y su cuerpo.

Además, a nivel competitivo, los deportes a menudo implican conformidad con ciertas normas y expectativas culturales y sociales. En algunos casos, estos pueden incluir reglas de vestimenta estrictas o normas de comportamiento que pueden ser vistas como limitaciones a la libertad individual.

Los deportistas a menudo se encuentran bajo intensa presión y escrutinio público, y su comportamiento puede ser juzgado en base a las expectativas de los fans, patrocinadores o la sociedad en general. Este tipo de presión puede limitar la libertad de los atletas para expresarse o vivir como quieran.

Al mismo tiempo, el deporte también puede ser un poderoso promotor de las libertades individuales. Primero, proporciona a las personas la oportunidad de elegir cómo quieren usar su tiempo y energía, lo que es una forma de libertad personal.

Además, a nivel profesional, los deportistas a menudo tienen la oportunidad de viajar, conocer personas y culturas diferentes, y ganar dinero, lo que puede ampliar sus horizontes y ofrecerles una mayor libertad en su vida personal. El deporte también puede proporcionar una plataforma para la expresión personal y la defensa de causas importantes.

Muchos atletas han utilizado su notoriedad para hablar sobre temas sociales y políticos, promover cambios y defender las libertades individuales y colectivas. En este sentido, el deporte puede ser un medio para ejercer la libertad de expresión y participar en la discusión pública.

Finalmente, el deporte puede ayudar a promover la igualdad de oportunidades y los derechos individuales al desafiar las barreras y estereotipos sociales. Por ejemplo, las mujeres y las minorías que participan en deportes han ayudado a desafiar y cambiar las normas y actitudes sociales, promoviendo así su propia libertad y la de otros.

EL LIBERALISMO Y EL DEPORTE: UN JUEGO DE VALORES COMUNES

El liberalismo, como filosofía política y económica, promueve valores como la libertad individual, la igualdad de derechos, la propiedad privada y el libre mercado. Es interesante observar cómo estos principios se reflejan en el mundo del deporte, una institución social que también abraza la competencia, la meritocracia y el respeto por las reglas.

Uno de los valores fundamentales del liberalismo es la libertad individual, que incluye el derecho de cada persona a elegir y decidir por sí misma. En el deporte, esta libertad se ejerce cuando los atletas eligen la disciplina deportiva en la que desean competir, cuándo y cómo entrenar, y cuándo competir. Los atletas también tienen la libertad de expresar sus opiniones y defender sus creencias, lo cual ha llevado a momentos históricos como la protesta de los *Black Power* durante los Juegos Olímpicos de 1968.

Otro valor del liberalismo es la igualdad de derechos, lo que significa que todos deben tener las mismas oportunidades para triunfar. En el deporte, este principio se traduce en la igualdad de condiciones en la competencia, donde todos los atletas deben cumplir las mismas reglas y no se les debe dar una ventaja sobre los demás.

La propiedad privada y el libre mercado son también elementos centrales del liberalismo, y se pueden observar en la economía del deporte. Los atletas y equipos son a menudo propiedad de individuos o empresas, y compiten en un mercado donde la oferta y la demanda determinan los salarios de los atletas, el precio de las entradas y el valor de los contratos de televisión.

Sin embargo, el deporte no es sólo una competencia; también es una comunidad. Al igual que en una sociedad liberal, donde la cooperación pacífica y el respeto mutuo son esenciales, el deporte fomenta el trabajo en equipo, el *fair play* y el respeto por los oponentes. Así, aunque el deporte y el liberalismo pueden parecer mundos aparte, comparten muchos valores en común. Al reconocer y celebrar estos valores, podemos aprender a apreciar tanto el deporte como el liberalismo de una manera más profunda y significativa.

LIBERTADES INDIVIDUALES

Las libertades individuales se refieren al conjunto de derechos que garantizan a los individuos la capacidad de actuar según su propio juicio y preferencias, dentro de los límites del respeto por los derechos de los demás y del estado de derecho (Rawls, 1971). La idea de las libertades individuales ha evolucionado a lo largo del tiempo, influenciada por diferentes culturas, tradiciones filosóficas y movimientos históricos. En la Antigüedad, el concepto de libertades individuales era relativamente desconocido. En la Grecia clásica, por ejemplo, el enfoque estaba en los deberes y responsabilidades cívicas más que en los derechos individuales.

Durante la Edad Media el derecho natural comenzó a surgir como una filosofía clave, que influenció fuertemente la noción de libertades individuales (Tierney, 1997). Sin embargo, fue durante la Ilustración en Europa cuando se produjo una transformación significativa. Filósofos como John Locke y Voltaire propusieron la idea de derechos inherentes, y la libertad individual se convirtió en un pilar central del pensamiento político y moral.

La *Declaración de Independencia de los Estados Unidos* en 1776 y la *Declaración de los Derechos del Hombre y del Ciudadano* en Francia en 1789, ambos documentos cimentaron las libertades individuales como principios fundamentales de los sistemas políticos modernos.

Ya en el siglo XX las libertades individuales se convirtieron en un componente clave de las democracias liberales y de los documentos internacionales de derechos humanos, como la *Declaración Universal de Derechos Humanos* de las Naciones Unidas de 1948.

En la actualidad las libertades individuales abarcan una amplia gama de derechos, incluyendo la libertad de pensamiento, de expresión, de religión, de asociación, el derecho a la privacidad, entre otros. Es importante tomar en cuenta que, aunque el concepto de libertades individuales es ahora ampliamente aceptado, su interpretación y aplicación pueden variar considerablemente en diferentes contextos culturales y políticos.

En primer lugar, no se debe olvidar de Karl Popper, filósofo de la ciencia del siglo XX, quien siempre en sus escritos expuso las ideas a de la libertad como un principio central de la sociedad abierta, un concepto que defendió apasionadamente. Según Popper (1945), la sociedad abierta es aquella que permite el libre pensamiento, la libre expresión y la libertad de acción, y promueve el cambio social y político basado en la discusión racional y el consenso. Según Popper, la libertad individual es esencial para el progreso científico y social y debe ser protegida contra cualquier forma de autoritarismo o totalitarismo.

Otro filósofo indispensable para los estudios sobre la libertad es Friedrich Hayek, quien en sus investigaciones, ensayos y conferencias defendió una visión liberal del orden social basado en la libertad individual y la propiedad privada.

Según Hayek (1944, edición en español de 2010), las economías de mercado libre, basadas en el intercambio voluntario y la competencia, son el medio más eficiente para coordinar las actividades económicas y garantizar la libertad individual. Así, para Hayek, cualquier intervención estatal significativa en la economía, como la planificación centralizada, limita la libertad individual y lleva al "camino de servidumbre".

Y, por supuesto, no es posible obviar a uno de los máximos exponentes del liberalismo del siglo XX, Ludwig von Mises, principal teórico de la Escuela Austriaca de Economía, quien durante toda su vida argumentó a favor de una visión liberal del orden social. Mises (1949) afirmaba que sólo en un sistema de libre mercado, donde las decisiones económicas están descentralizadas y se basan en la propiedad privada y el intercambio voluntario, los individuos pueden realmente ser libres. De acuerdo con, entonces, Mises, la libertad individual es intrínsecamente valiosa y es la base para el progreso económico y social.

Después de discutir los aspectos fundamentales sobre el origen del deporte por un lado y los fundamentos epistemológicos de las libertades, por el otro, es interesante ver los enfoques sobre esta relación en los trabajos de los filósofos tanto clásicos – que se consideran precursores del liberalismo, - como de los contemporáneos.

EL DEPORTE A TRAVÉS DE LOS OJOS DE ARISTÓTELES: UN ENFOQUE FILOSÓFICO

Aristóteles, uno de los más grandes pensadores de la Antigüedad, proporcionó ideas significativas en numerosos campos del conocimiento, incluyendo la filosofía del deporte. Aunque no existen textos explícitos de Aristóteles sobre el deporte, sus ideas generales sobre ética, educación y bienestar permiten ver un marco relevante para su interpretación.

Aristóteles consideraba la educación como un medio para alcanzar el "bien supremo", un estado de felicidad y virtud alcanzado a través del equilibrio y la moderación. En la obra *Ética a Nicómaco* (edición en español del

2004), atribuida a Aristóteles, el filósofo plantea la idea del "justo medio", sugiriendo que la virtud se encuentra en el equilibrio entre los extremos. Esta idea puede ser aplicada al deporte, donde el equilibrio entre el entrenamiento y el descanso, la competencia y la cooperación, es fundamental para lograr la excelencia. Además, Aristóteles argumentaba en su *Política* que la educación física es un componente esencial de la formación de los ciudadanos, promoviendo tanto la salud física como la disciplina moral. El deporte, como una forma de educación física, puede ser visto como un medio para desarrollar estas virtudes (Aristóteles, edición en español de 1984).

En términos más abstractos, Aristóteles propuso en su *Metafísica* que cada ser tiene una "finalidad" o un propósito. En el contexto del deporte, este propósito puede ser visto como el esfuerzo por alcanzar la excelencia personal, un estado de "eudaimonia" o florecimiento humano (Aristóteles, edición en español de 1995).

De esta manera, se puede asegurar que, aunque Aristóteles no escribió explícitamente sobre el deporte, sus ideas sobre la ética, la educación y el propósito de la vida proporcionan una valiosa perspectiva filosófica sobre el deporte. Nos sugiere que el deporte puede ser un camino hacia la virtud y el florecimiento humano, una idea que sigue siendo relevante en el mundo deportivo de hoy.

JOHN LOCKE: UN ENFOQUE DESDE LA LIBERTAD Y LOS DERECHOS NATURALES

John Locke, el influyente filósofo de la Ilustración en el siglo XVII, es bien conocido por sus teorías sobre la libertad y los derechos naturales. Aunque Locke tampoco abordó explícitamente el tema del deporte en su obra, sus teorías tienen claras implicaciones para la estructura y la práctica del deporte.

Locke propuso su teoría del contrato social, donde los individuos tienen derechos naturales a la vida, la libertad y la propiedad, y que forman sociedades y gobiernos para proteger estos derechos (Locke, 1689). En el deporte esta idea puede verse reflejada en la creación de ligas y federaciones que tienen como objetivo proteger los derechos de los atletas, establecer reglas justas para la competencia y resolver conflictos. La visión de Locke sobre la libertad individual también tiene relevancia en el deporte. Según Locke, cada individuo tiene el derecho a perseguir su bienestar, siempre que no interfiera con los derechos de los demás. En el contexto deportivo esto significa la libertad de los atletas para elegir su deporte, determinar su estrategia de entrenamiento, decidir cuándo y dónde competir, siempre que su conducta se adhiera a las reglas de juego y no infrinja los derechos de los demás.

Además, los conceptos de Locke sobre el trabajo y la propiedad podrían tener implicaciones en la compensación de los atletas. Locke afirmaba que cada individuo tiene derecho a la propiedad que ha adquirido a través de su trabajo. Siguiendo este razonamiento, los atletas, como todo individuo, tienen derecho a ser recompensados de manera justa por su trabajo y su talento, y a negociar contratos y acuerdos de patrocinio.

Así, las ideas de John Locke sobre la libertad y los derechos naturales permiten tener un valioso marco para explorar y entender el deporte, desde las reglas y la estructura de las competencias hasta la autonomía y los derechos de los atletas.

MONTESQUIEU: UN ENFOQUE DESDE LA SEPARACIÓN DE PODERES Y EL EQUILIBRIO

Charles de Montesquieu, pensador político del siglo XVIII, es reconocido principalmente por su teoría de la separación de poderes. Tampoco Montesquieu trató directamente el tema del deporte en sus trabajos, sin embargo, sus ideas ofrecen una interesante perspectiva para entender la organización y la gobernabilidad en el deporte.

En *El espíritu de las leyes* Montesquieu afirma que la libertad política en un estado se logra mediante la separación de poderes legislativo, ejecutivo y judicial (Montesquieu, 1748). Esta separación puede verse reflejada en la estructura organizativa de muchas instituciones deportivas. Por ejemplo, las federaciones deportivas suelen tener un órgano legislativo que establece las reglas, un órgano ejecutivo que las implementa, y un órgano judicial que resuelve los conflictos y sanciona las infracciones.

Además, la idea de Montesquieu de que cada poder debe ser capaz de controlar y equilibrar a los otros tiene implicaciones para la gobernanza del deporte. Las federaciones y ligas deben tener mecanismos de control y equilibrio para garantizar que ninguna parte o individuo pueda ejercer un poder desmedido. Esto se refleja, por ejemplo, en las comisiones de ética o los tribunales de arbitraje deportivo que funcionan como controles independientes sobre las decisiones de las autoridades deportivas.

Por último, la defensa de Montesquieu de la libertad y la equidad también tiene relevancia en el deporte. Según Montesquieu, la justicia y la libertad se logran cuando se respeta la ley y se mantiene el equilibrio entre los poderes. Esto puede verse reflejado en la importancia que se da al juego limpio, al respeto a las reglas y a la igualdad de oportunidades en el deporte. Así, las ideas de Montesquieu sobre la separación de poderes y el equilibrio son indispensables para entender y mejorar la estructura y la gobernanza en el deporte.

ADAM SMITH: UN ENFOQUE DESDE LA COMPETENCIA Y EL LIBRE MERCADO

Adam Smith, reconocido por muchos como el padre de la economía moderna, es célebre por sus ideas sobre la competencia y el libre mercado. Al igual que los autores mencionados, Smith no trató directamente el tema del deporte en su obra, pero sus ideas tienen claras repercusiones en el ámbito deportivo.

En *La riqueza de las naciones* Smith establece el principio fundamental de que la competencia libre y abierta en el mercado conduce a la eficiencia y al bienestar general (Smith, 1776). Esta noción se puede aplicar de manera directa al deporte. Las competencias deportivas, por su propia naturaleza, promueven una competencia saludable donde cada atleta o equipo busca la excelencia. Esta competencia, a su vez, mejora la calidad del deporte, alentando a los atletas a entrenar más duro y a mejorar continuamente.

Asimismo, el concepto de Smith de la "mano invisible" puede tener relevancia en el deporte. Según Smith, en un mercado libre, los individuos persiguen sus propios intereses, pero la competencia y la búsqueda del beneficio personal conduce a un beneficio para la sociedad en su conjunto. En el deporte los atletas persiguen sus propios objetivos personales, ya sea ganar una competencia, batir un récord personal o conseguir un contrato lucrativo.

Sin embargo, esta búsqueda del éxito individual también beneficia al deporte en general, mejorando el nivel de competencia, ofreciendo un espectáculo emocionante para los fans y motivando a las nuevas generaciones a participar en el deporte.

Por último, la defensa de Smith del libre mercado también tiene implicaciones para el mundo del deporte profesional. Por ejemplo, la libertad de los atletas para negociar contratos y buscar oportunidades con diferentes equipos o patrocinadores puede verse como una manifestación del mercado libre. De manera similar, los equipos que compiten por los servicios de los atletas pueden verse como empresas que compiten en un mercado.

Se puede afirmar que las ideas de Adam Smith sobre la competencia y el libre mercado son perfectamente aplicables a la dinámica y la estructura del deporte, desde el rendimiento de los atletas hasta la economía del deporte profesional.

JEAN-BAPTISTE SAY: UN ENFOQUE DESDE LA ECONOMÍA Y LA LEY DE LOS MERCADOS

Jean-Baptiste Say, economista francés del siglo XIX, reconocido por su Ley de los Mercados (ley de Say), según la cual la producción crea su propia demanda. Según Say, la oferta genera su propia demanda (Say, 1803). En el deporte esto se puede ver en la creación de nuevas modalidades y eventos deportivos. Por ejemplo, el auge de los deportes electrónicos (*eSports*) ha creado una nueva oferta que ha atraído a millones de seguidores, generando su propia demanda. De este modo, la creación de nuevos deportes, ligas y eventos puede estimular el interés del público y generar nuevas oportunidades económicas.

Además, Say defendió y argumentó la idea de que el valor de un producto está determinado por la utilidad que tiene para los consumidores, más que por el coste de su producción. Se puede verlo claramente en el deporte, donde a menudo los atletas más valorados no son necesariamente los que tienen más costos de entrenamiento, sino aquellos que aportan un mayor valor al equipo o a la competición, en términos de habilidades, rendimiento o atractivo para los fans.

Con todo ello, Say también destacó la importancia del emprendimiento y la innovación. En el deporte, esto puede verse en el surgimiento de nuevas empresas y tecnologías que están transformando la forma de entrenar, competir y seguir los eventos deportivos. En consecuencia, las ideas de Jean-Baptiste Say sobre la economía y la ley de los mercados permiten analizar y entender la economía del deporte, desde la creación de nuevas oportunidades hasta la determinación del valor de los atletas.

HAYEK: UN ENFOQUE DESDE LA LIBERTAD INDIVIDUAL Y LA CRÍTICA AL SOCIALISMO

En sus trabajos sobre economía y política, Hayek argumentó que el mercado libre, basado en la propiedad privada y la competencia, es el sistema más eficiente y justo para organizar la sociedad. Aplicando estas ideas al deporte, se podría argumentar que los atletas deben tener la libertad de competir en un "mercado libre" deportivo, donde pueden mejorar sus habilidades y alcanzar su potencial sin interferencias excesivas de las autoridades deportivas centralizadas. En este sentido, las restricciones excesivas a los atletas, como las regulaciones de dopaje o las limitaciones a la libertad de expresión, podrían ser vistas como una forma de "servidumbre" que limita la libertad individual y la competencia justa.

Además, Hayek destacó el papel del orden espontáneo, la idea de que los sistemas complejos pueden surgir y funcionar sin un control central. En su obra *Derecho, legislación y libertad* afirma que el orden espontáneo permite una mayor adaptabilidad y flexibilidad que la planificación centralizada (Hayek, 2006). En el deporte este concepto se traduce en la idea de que los equipos y las competiciones pueden organizarse y evolucionar de forma natural, sin la necesidad de una regulación centralizada. De este modo, los deportes podrían adaptarse mejor a las necesidades y deseos de los atletas y los aficionados.

Entonces, aunque Hayek no abordó directamente el tema del deporte, sus ideas sobre la libertad individual, el mercado libre y el orden espontáneo permiten tener argumentos para reflexionar sobre la organización y el papel del deporte en la sociedad y comprender el valor del deporte para los individuos.

MISES: UN ENFOQUE DESDE LA ACCIÓN HUMANA, LA LIBERTAD Y LA ECONOMÍA

Mises enfocó su trabajo en la "praxeología", el estudio de la acción humana, con los argumentos sobre la acción intencional de los individuos para alcanzar sus objetivos. En *La Acción Humana* presenta las ideas fundamentales (axiomas) de que los individuos usan su juicio para determinar la mejor forma de alcanzar sus metas.

En el deporte estas ideas resuenan fuertemente. Los atletas establecen metas (mejorar su rendimiento, ganar competencias, etc.) y deben juzgar y tomar decisiones para alcanzarlas, ya sea eligiendo estrategias de entrenamiento, técnicas específicas, o incluso decidir cuándo descansar. Las ideas de Mises sobre la libertad y el *laissez-faire* tienen importantes implicaciones para el deporte. Defendió que la libertad es esencial para la prosperidad y el progreso humano, y criticó cualquier forma de intervencionismo estatal en la economía. Hablando del deporte, esto permite tener argumentos a favor de un sistema deportivo en el que las instituciones y los atletas puedan operar con un mínimo de interferencia y regulación gubernamental. Esta perspectiva respaldaría la autonomía de los atletas para tomar sus propias decisiones, desde la elección de su deporte hasta la gestión de su carrera.

Por último, el enfoque de Mises sobre la economía, específicamente su defensa del sistema de precios como un medio para transmitir información en la economía de mercado, tiene relevancia para el deporte profesional. Los salarios de los atletas, las tarifas de transferencia y los precios de las entradas son reflejos del valor que la sociedad otorga a diferentes aspectos del deporte. A través de estos precios, se transmite información crucial sobre la demanda y el valor de los deportes y los atletas individuales.

LA EVOLUCIÓN DEL DEPORTE

Como ya se sabe, el deporte ha sido una parte integral de las sociedades humanas desde tiempos inmemoriales.

Aunque la naturaleza y la forma de los deportes han evolucionado enormemente a lo largo de los siglos, su función como institución social ha persistido.

Los primeros rastros de actividad deportiva se remontan a las antiguas civilizaciones de Egipto, China y Mesoamérica, donde se jugaban deportes como la lucha, el tiro con arco y los juegos de pelota (Young, 1993). Mientras tanto, en la Antigua Grecia los deportes como los Juegos Olímpicos se convirtieron en eventos centrales de la vida social y política.

Así, en la Antigua Grecia el deporte se consideraba una parte esencial de la educación y la formación cívica. Los Juegos Olímpicos, que comenzaron en 776 a.C., eran una manifestación de la competitividad y el espíritu deportivo de los griegos (Crowther, 2007).

Sin embargo, estos juegos estaban limitados a los hombres libres que hablaban griego, lo que excluía a las mujeres, los esclavos y los extranjeros. Esto reflejaba las limitaciones de las libertades individuales en la sociedad griega antigua (Kyle, 2007).

Luego, en Roma, los juegos y competencias deportivas se convirtieron en espectáculos populares, pero a menudo tenían un carácter violento y brutal, reflejo de la agresividad de la sociedad romana. Al igual que en Grecia, las libertades individuales en el deporte estaban limitadas, con los gladiadores, a menudo esclavos o criminales, forzados a competir en combates a menudo mortales.

En la Antigua China el deporte también desempeñaba un papel importante en la vida social y militar. El *cuju*, un antiguo juego similar al fútbol, era popular entre las clases altas y bajas, reflejando una cierta igualdad en la sociedad (Hong, 2017). Sin embargo, las restricciones sociales y culturales a menudo limitaban la participación en deportes y juegos, especialmente para las mujeres y los de baja condición social (Guttmann y Thompson, 2001).

Estos ejemplos ilustran cómo el deporte en la antigüedad reflejaba y a veces restringía las libertades individuales, dependiendo de las normas y valores de la sociedad en ese momento. Mientras que el deporte moderno ha evolucionado para promover y respetar las libertades individuales en mayor grado, estas historias de la Antigüedad ofrecen una perspectiva sobre el papel que el deporte ha tenido en la configuración de la sociedad a lo largo de la historia.

DEPORTE EN LA EDAD MEDIA: UN REFLEJO DE LA LIBERTAD Y LA RESTRICCIÓN

El deporte durante la Edad Media ofreció una mezcla única de libertades y restricciones individuales, reflejando las complejidades de la sociedad medieval. Uno de los deportes más populares en la Edad Media era la justa, un torneo que consistía en caballeros montados en caballos que se enfrentaban en combate simulado (Barker, 1986). Aunque el torneo era un medio para que los caballeros demostraran su valentía y habilidades, también se sometían a estrictas reglas y normas de conducta caballeresca que limitaban ciertas libertades (Crouch, 2005).

Por otro lado, el fútbol medieval, conocido como *mob football* en Inglaterra, era notable por su falta de reglas y estructura formal (Strutt, 1801). A pesar de que este deporte ofrecía a los jugadores una libertad considerable, también era caótico y violento, lo que llevó a las autoridades a restringir o prohibir su práctica (Harvey, 2005).

Además, el deporte en la Edad Media estaba marcado por desigualdades de sexo y clase. Los deportes como la justa estaban reservados para los hombres de la nobleza, mientras que las mujeres y los plebeyos tenían pocas oportunidades de participar en actividades deportivas oficiales (Bennett, 1999).

La relación entre el deporte y las libertades individuales en la Edad Media refleja las tensiones de una sociedad en la que las normas sociales, el estatus y el género dictaban quién podía participar en el deporte y en qué condiciones. Si bien el deporte moderno ha avanzado en términos de igualdad y respeto por las libertades individuales, la historia del deporte medieval ofrece una perspectiva valiosa sobre cómo las restricciones sociales pueden limitar estas libertades. También, se sabe que en la Edad Media los deportes solían estar vinculados a habilidades militares como la equitación y la lucha con espadas, pero también comenzaron a surgir deportes de equipo como el fútbol. Mientras que el Renacimiento y la Ilustración vieron un creciente interés en Europa, cuna de la civilización occidental, en los deportes físicos y mentales, como la esgrima y el ajedrez.

DEPORTE DURANTE EL RENACIMIENTO Y LA ILUSTRACIÓN: UN ESCAPARATE DE LAS LIBERTADES INDIVIDUALES

El Renacimiento y la Ilustración fueron períodos de profundos cambios culturales y sociales, y el deporte no fue una excepción a esta transformación. En estos tiempos, el deporte comenzó a reflejar más de cerca las nociones modernas de libertad individual y autodeterminación.

Durante el Renacimiento, el deporte comenzó a verse como una forma de mejorar el cuerpo humano y la mente, en línea con la filosofía del Renacimiento de 'homo universale', el hombre universal, que se destacaba en una amplia gama de actividades (Sands, 1999).

Sin embargo, las oportunidades para participar en deportes seguían estando limitadas por el estatus social y el sexo. En Italia, por ejemplo, los juegos de balón, como el *calcio storico*, estaban reservados principalmente para los nobles, mientras que las clases más bajas se involucraban en juegos más rudos y a menudo violentos (Tognotti, 2013).

La Ilustración llevó a un cambio en la forma en que se percibía el deporte. Se hizo hincapié en la idea del "juego limpio", la competencia equitativa y la deportividad, reflejando las ideas de la Ilustración sobre la igualdad y los derechos individuales (Holt, 1992). El boxeo en Inglaterra, por ejemplo, comenzó a regularse con reglas claras para garantizar una competencia justa (Mullan y Muran, 1997).

A pesar de estos avances, las libertades individuales en el deporte seguían estando limitadas por las normas sociales y las desigualdades de género. Aunque las mujeres comenzaron a participar más en deportes recreativos durante este período, su participación en competencias oficiales estaba limitada. En general, el deporte durante el Renacimiento y la Ilustración reflejó y a veces impulsó cambios en las concepciones de las libertades individuales. Aunque el deporte de esta época estaba lejos de ser perfecto en términos de igualdad y libertad, estos períodos sentaron las bases para el desarrollo del deporte moderno.

Con la Revolución Industrial y la urbanización los deportes comenzaron a adoptar formas más organizadas y estandarizadas. Ya en el siglo XIX los clubes deportivos y las ligas profesionales se convirtieron en instituciones populares en Europa y América. Este fue también el período en el que los deportes modernos, como el fútbol, el rugby, el cricket y el tenis, comenzaron a tomar forma.

DEPORTE EN EL SIGLO XIX Y LOS JUEGOS OLÍMPICOS MODERNOS: EVOLUCIÓN DE LAS LIBERTADES INDIVIDUALES

El siglo XIX y el advenimiento de los Juegos Olímpicos modernos marcaron un hito en la relación entre el deporte y las libertades individuales. Durante este período, el deporte se convirtió en una institución más inclusiva y regulada, reflejando los cambios sociales y políticos en curso.

En el siglo XIX la industrialización y la urbanización llevaron a cambios significativos en el deporte. Las clases trabajadoras comenzaron a tener más tiempo libre, lo que llevó a un aumento de la participación en el deporte y la creación de clubes deportivos (Holt, 1992). Sin embargo, estas actividades aún estaban influenciadas por las desigualdades de clase y sexo. Por ejemplo, aunque el fútbol se popularizó entre las clases trabajadoras en Inglaterra, las mujeres a menudo se excluían de la participación oficial (Williams, 2003).

Los Juegos Olímpicos modernos, iniciados por Pierre de Coubertin en 1896, representaron un paso adelante en términos de libertades individuales en el deporte. Inspirado por los ideales de la Ilustración, Coubertin vio los

Juegos como un medio para promover la paz, la amistad y el entendimiento mutuo entre las naciones. Sin embargo, las primeras ediciones de los Juegos también reflejaban las limitaciones de la época, incluyendo la exclusión de las mujeres hasta los Juegos de 1900.

Durante el siglo X, los Juegos Olímpicos y otras instituciones deportivas continuaron evolucionando para reflejar y promover las libertades individuales. Aunque persisten las desigualdades y tensiones, el deporte se ha convertido en un importante vehículo para la expresión y promoción de las libertades individuales.

DEPORTE EN EL SIGLO XX: UN ESPEJO DE LAS LIBERTADES INDIVIDUALES

En el siglo XX el deporte se convirtió en una industria global y en un fenómeno cultural masivo, con eventos como las Olimpiadas y la Copa Mundial de la FIFA atrayendo a audiencias de miles de millones de personas. Al mismo tiempo, los deportes han jugado un papel cada vez más importante en la política, la economía y la identidad social, tanto a nivel nacional como internacional.

En el Occidente la segunda mitad del siglo XX – la posguerra - fue testigo de transformaciones fundamentales en la relación entre el deporte, la política y las libertades individuales. A medida que las ideas de igualdad, libertad, derechos humanos, libre mercado cobraban protagonismo en la esfera global, el deporte se convirtió en un escenario crucial para la afirmación y, a veces, la limitación de estas libertades.

Asimismo, desde las primeras décadas del siglo, el deporte empezó a consolidarse como una institución global, en gran parte gracias a la creciente popularidad de los Juegos Olímpicos. Sin embargo, la participación deportiva estaba restringida por barreras de raza, sexo y clase. Las mujeres, por ejemplo, fueron excluidas de muchas disciplinas olímpicas hasta bien entrado el siglo. Incluso, se puede recordar las palabras que se le atribuyen al propio Pierre de Coubertin: "los Juegos son la solemne y periódica exaltación del deporte masculino, con el aplauso de las mujeres como recompensa".

A mediados del siglo XX el deporte empezó a reflejar los cambios sociales y políticos en curso. En la década de 1960 figuras como Muhammad Ali y Tommie Smith utilizaron su prominencia en el deporte para protestar contra el racismo y la desigualdad social. Al mismo tiempo, las tensiones de la Guerra Fría se reflejaban en las competencias deportivas, y los atletas a menudo se encontraban atrapados en las luchas ideológicas de sus países de origen.

En las últimas décadas del siglo XX la lucha por las libertades individuales en el deporte se intensificó. El movimiento paralímpico ganó reconocimiento y visibilidad, reflejando un cambio de actitudes hacia los deportistas con discapacidad. Además, las mujeres también ganaron terreno en el deporte, a pesar de las persistentes desigualdades en términos de representación y compensación (Hargreaves, 1994).

De este modo, el deporte en el siglo XX reflejó los avances y retos en la lucha por las libertades individuales. Aunque persistían desigualdades y desafíos, el deporte demostró ser un potente escenario para la promoción y defensa de estas libertades en los estados democráticos del Occidente. No así fue en los estados totalitarios.

A pesar de que, como se demostró, el deporte iba de la mano con el capitalismo, libre mercado y las libertades individuales, sobre todo en los siglos XIX y XX, los totalitarismos no han dejado pasar la oportunidad de aprovecharse tanto del deporte en general, como de los eventos deportivos, para dominar a sus ciudadanos y manipular la opinión de los extranjeros.

Se puede afirmar que las dictaduras han utilizado el deporte de la misma forma como lo han hecho siempre con la educación, arte y cultura: los han convertido en adoctrinamiento.

Los Juegos Olímpicos han sido históricamente una plataforma para mostrar el poderío y la superioridad política, económica y cultural de diferentes naciones. Los regímenes totalitarios, como la Italia fascista, la Alemania nazi, la URSS y la China comunista, han utilizado los juegos como un medio para promover sus ideologías.

Los Juegos Olímpicos de 1936 en Berlín son un ejemplo de cómo un régimen totalitario puede usar este evento deportivo para promocionar su ideología. Hitler usó los Juegos para mostrar la "superioridad" de la raza "aria" y la eficiencia del Tercer Reich.

No obstante, el mito de la supremacía aria fue desmentido por atletas no blancos y no arios, especialmente por Jesse Owens, un atleta negro de los Estados Unidos quien ganó cuatro medallas de oro. El historiador británico Richard Evans (2005) tiene razón al afirmar que "los Juegos Olímpicos de 1936 ayudaron a legitimar el régimen nazi en los ojos del mundo".

Mientras tanto, los Juegos Olímpicos de invierno de 1936 en Cortina d'Ampezzo fueron un medio para que Mussolini promoviera la imagen de una Italia poderosa y unida bajo el fascismo. Fue un espectáculo de propaganda, con la participación de miles de soldados y fascistas en las ceremonias. Según el historiador italiano Simon Martin (2004), "Mussolini vio el deporte como un medio para promover el fascismo en Italia y en el extranjero".

Por otro lado, la Unión Soviética usó los Juegos Olímpicos para demostrar la superioridad del comunismo. Comenzaron a participar en 1952, y desde entonces, la URSS dominó las competencias, frecuentemente en la cima del medallero. El entrenamiento intensivo y el apoyo estatal a los atletas eran parte de la propaganda soviética. Sin embargo, esta dedicación también se ha asociado con el uso de drogas (dopaje) para mejorar el rendimiento. En palabras de la periodista estadounidense Sally Jenkins (2008), "la Unión Soviética usó los Juegos Olímpicos para mostrar al mundo la superioridad de su sistema, pero también para esconder sus fallas".

China también ha utilizado los Juegos Olímpicos con el propósito de mostrar su poder en el escenario mundial. Los Juegos Olímpicos de Beijing 2008 es un claro ejemplo de esto. China lideró el medallero y utilizó el evento para demostrar su capacidad organizativa y económica. Sin embargo, hubo críticas por la censura y las violaciones de los derechos humanos. El analista político chino Minxin Pei (2006) afirmó que "los Juegos Olímpicos de Beijing fueron la consumación de los esfuerzos de China por presentarse como una gran potencia mundial".

Hay que recordar que el deporte en los regímenes totalitarios, a pesar de ser utilizado como un instrumento de propaganda, a menudo ha ofrecido oportunidades para las manifestaciones de libertad e individualismo y así sirvió como una ventana a la libertad para los deportistas.

Por ejemplo, en la Italia fascistas, a pesar de la ideología estatal que promovía la fuerza y la unidad nacional, algunos atletas italianos se manifestaron en contra de estas ideas. Por ejemplo, Dorando Pietri, famoso maratonista, se convirtió en un símbolo de resistencia al fascismo. La historiadora Marcella Gabbiani (2002) recuerda que "Pietri se convirtió en un símbolo de resistencia e individualidad en un tiempo de conformismo forzado".

Asimismo, en la Unión Soviética muchos atletas tuvieron la posibilidad de participar en los eventos internacionales y así darse cuenta de la manipulación y propaganda soviéticas. Por eso alguno, al regresar a su país, se encontraron en conflicto con el sistema soviético, buscando formas de expresar su individualismo.

Un ejemplo notable es el del patinador de velocidad Viktor An, quien eligió competir para Corea del Sur debido a la falta de apoyo del sistema ruso. Según Goldblatt (2016), "Viktor An es un ejemplo de cómo los atletas pueden manifestar su individualidad y resistir a los sistemas totalitarios".

En la China comunista los deportes han servido a menudo como una vía de escape de la rigidez de la vida cotidiana. El basquetbolista Yao Ming, por ejemplo, se convirtió en un ícono mundial, representando el individualismo y la diversidad en un país donde se promovía la conformidad. El historiador M. Andrew Morris (2010) señala que "Yao Ming es un símbolo de la resistencia al totalitarismo a través del deporte"

En el caso de un régimen totalitario como el de Cuba, el deporte ha proporcionado una plataforma para la expresión de la libertad y el individualismo a pesar de las restricciones impuestas por el gobierno.

Uno de los ejemplos más destacados es el del boxeador Teófilo Stevenson, quien es considerado uno de los mejores boxeadores *amateur* de la historia y un ícono de la resistencia individual en la Cuba comunista. Aunque le ofrecieron millones de dólares para convertirse en profesional y pelear en los EE. UU., rechazó todas las ofertas y eligió permanecer en Cuba, destacando su lealtad a su país por encima de las ganancias personales. Esta decisión subrayó su individualismo en un régimen que a menudo sofocaba la expresión personal. En palabras de Christian Giudice (2012), "Stevenson fue un símbolo de resistencia y amor a la patria, reafirmando su individualidad en un sistema que a menudo promovía la conformidad".

Otro caso es el del beisbolista Orlando "El Duque" Hernández, quien, después de ser suspendido indefinidamente por el gobierno cubano por sospecha de intentar desertar, finalmente escapó de Cuba en un bote en 1997. Llegó a los Estados Unidos y se convirtió en una estrella de las Grandes Ligas de Béisbol, ganando varias Series Mundiales. La historia de Hernández es una manifestación de la lucha por la libertad y la autodeterminación en un régimen totalitario. Según el periodista deportivo Arnold Rampersad (1997), "la travesía de Hernández es un testimonio de la voluntad de un individuo de buscar su libertad a través del deporte".

Los deportistas cubanos también han utilizado su plataforma para destacar las dificultades que enfrenta la población cubana bajo el régimen comunista. El medallista olímpico de lucha Mijaín López, en varias entrevistas, ha subrayado los desafíos cotidianos que enfrenta la gente en Cuba, y aunque no es una protesta abierta contra el régimen, estas declaraciones sirven para arrojar luz sobre las realidades en Cuba. Tiene razón la periodista cubana Yoani Sánchez (2011) cuando afirma que "los comentarios de López sobre las dificultades de la vida en Cuba reflejan una forma de resistencia sutil al sistema".

Entonces, los Juegos Olímpicos han sido utilizados por regímenes totalitarios para promover sus ideologías y mostrar su poderío en el escenario mundial. Sin embargo, también han servido para desafiar y cuestionar estos regímenes y exponer sus falencias y contradicciones.

LIBERTADES INDIVIDUALES Y DISCIPLINA EN EL DEPORTE: ENCONTRANDO UN EQUILIBRIO

El deporte, especialmente a nivel profesional, está regido por reglamentos y disciplinas estrictas que, en algunos casos, pueden limitar las libertades individuales de los atletas. Esta cuestión ha sido objeto de un debate considerable, con opiniones variadas sobre el grado de restricción que es apropiado o necesario.

Los defensores de los reglamentos estrictos argumentan que son esenciales para mantener la integridad de la competición y para asegurar un campo de juego nivelado para todos los competidores. Aseguran que el deporte, por su naturaleza, implica la aceptación de ciertas reglas y limitaciones, y que estas restricciones no suprimen la libertad individual, sino que simplemente definen el contexto en el que se realiza el deporte (Loland, 2002). Además, argumentan que la disciplina y la conformidad a las reglas pueden promover valores positivos como el trabajo en equipo, el respeto por los demás y la autodisciplina (Hyland, 1990).

Por otro lado, algunos críticos sostienen que los reglamentos estrictos y la disciplina en el deporte pueden ser excesivamente restrictivos y pueden limitar injustamente la libertad de los atletas para expresarse, tomar decisiones autónomas y vivir sus vidas como elijan (Morgan, 1987). Sugieren que se debe buscar un equilibrio entre la preservación de la integridad del deporte y el respeto por las libertades individuales de los atletas (Fraleigh, 1984).

La cuestión de hasta qué punto se deben limitar las libertades individuales por el bien del equipo o de la competencia no tiene una respuesta sencilla. En última instancia, puede depender de factores como el tipo de deporte, el nivel de competencia, y las normas y expectativas culturales y sociales que lo rodean.

Lo que es claro, sin embargo, es la necesidad de un diálogo constante y reflexivo sobre estas cuestiones para asegurar que el deporte continúe siendo una actividad que promueva tanto la excelencia competitiva como el respeto por los derechos y las libertades de los individuos.

Por un lado, el deporte ofrece a los individuos la oportunidad de expresar su identidad, personalidad, valores y creencias. Cada atleta puede interpretar su deporte de una manera única y personal, a través de su estilo de juego, su comportamiento en el campo y su interacción con otros jugadores y con el público.

En algunos casos, los atletas han utilizado su plataforma deportiva para hacer declaraciones políticas o sociales, como Tommie Smith y John Carlos en los Juegos Olímpicos de 1968, o Colin Kaepernick en la NFL. Sin embargo, la posibilidad de expresión personal en el deporte puede verse limitada por una serie de factores, como las reglas del juego, las expectativas de conformidad dentro de un equipo o una organización deportiva, y las presiones comerciales y mediáticas.

Por otro lado, el deporte puede ser un poderoso catalizador para el cambio social. Puede desafiar las normas y los estereotipos sociales, promover la inclusión y la igualdad, y sensibilizar sobre importantes cuestiones sociales. Por ejemplo, el Movimiento Paralímpico ha hecho mucho para cambiar las actitudes hacia las personas con discapacidades y promover su inclusión en la sociedad. Del mismo modo, la participación de las mujeres en el deporte ha sido una fuerza importante para promover la igualdad de género y desafiar las normas de género tradicionales.

Sin embargo, el potencial del deporte para promover el cambio social no debe ser sobreestimado. El deporte, como cualquier otra institución social, está enmarcado por el contexto social más amplio en el que se desarrolla, y puede reflejar y perpetuar las desigualdades y tensiones existentes en la sociedad.

Para ilustrar, se puede recordar el caso de Tommie Smith y John Carlos (1968). Durante los Juegos Olímpicos de 1968 estos dos atletas estadounidenses realizaron un gesto icónico de protesta por los derechos civiles, alzando un puño enguantado durante el himno nacional. Como resultado, fueron expulsados de la Villa Olímpica y suspendidos del equipo olímpico estadounidense, a pesar de que estaban expresando pacíficamente sus creencias personales, lo que generó un debate sobre el límite entre la disciplina deportiva y la libertad de expresión.

Primero, el caso de Muhammad Alí (1960s-70s), considerado uno de los más grandes boxeadores de todos los tiempos. Además, Alí fue una figura influyente en la lucha por los derechos civiles y la libertad de expresión en los

Estados Unidos. Se negó a ser reclutado para el servicio militar en la Guerra de Vietnam por razones de conciencia religiosa, y utilizó su fama para hablar abiertamente sobre cuestiones de raza, religión y política (Ezra, 2009).

Luego, en 1973 Billie Jean King, como una de las tenistas más destacadas de su tiempo, utilizó su plataforma para promover la igualdad de género en el deporte. Su partido de tenis de 1973 contra Bobby Riggs, conocido como "la batalla de sexos", se convirtió en un hito en la lucha por la igualdad de género en el deporte. Además, King fue instrumental en la creación de la Asociación de Tenis Femenino y ha sido una defensora de los derechos LGBT en el deporte.

Otro ejemplo es de Colin Kaepernick (2016). Este *mariscal* de la NFL comenzó a arrodillarse durante el himno nacional en protesta contra "la brutalidad policial y la injusticia racial en los Estados Unidos" (Zirin, 2018). Como resultado, Kaepernick enfrentó una considerable reacción adversa, y muchos creen que su carrera en la NFL fue efectivamente terminada debido a sus protestas. Este caso pone de relieve el dilema de cómo equilibrar las libertades individuales con las expectativas de conformidad dentro de un equipo deportivo.

El último caso es de la atleta Caster Semenya (2019). La corredora de medio fondo sudafricana ha tenido que luchar en los tribunales para poder competir en su categoría natural debido a las regulaciones de la IAAF (ahora World Athletics) sobre los niveles de testosterona en las atletas femeninas. El caso de Semenya plantea importantes preguntas sobre la equidad en el deporte y hasta qué punto las organizaciones deportivas deben poder limitar la libertad de los atletas para competir tal y como son.

Estos atletas han utilizado su influencia y plataforma deportiva para promover el cambio social y defender sus propias libertades y las de otros, demostrando el potencial del deporte para ser un vehículo de cambio y expresión personal. Así, el deporte desde hace mucho tiempo se ha considerado un vehículo potente para el cambio social y un medio para la expresión personal. Este dualismo intrínseco se debate a menudo en la teoría sociológica del deporte.

DEMANDAS DEL DEPORTE: LIBERTADES INDIVIDUALES

En el deporte se busca un equilibrio entre las demandas inherentes de la competencia y el respeto por las libertades individuales. Aunque no hay respuestas definitivas, el debate se centra en dos aspectos: las reglas y regulaciones del deporte, y la capacidad de los deportistas para expresarse y promover el cambio social. Las reglas son esenciales para la estructura y la equidad del deporte. Establecen un marco en el que todos los competidores operan, asegurando un "campo de juego nivelado".

Sin embargo, cuando las reglas son demasiado restrictivas o son aplicadas de manera inconsistente, pueden limitar las libertades individuales. El desafío es diseñar y aplicar reglas que promuevan la equidad y el juego limpio, sin imponer restricciones innecesarias a los atletas.

Por otro lado, el deporte tiene un gran potencial para promover el cambio social, y muchos atletas han utilizado su plataforma para hablar sobre cuestiones sociales y políticas. Sin embargo, este activismo puede entrar en conflicto con las expectativas de conformidad y neutralidad en el deporte. El desafío es permitir y alentar a los atletas a expresarse y a promover el cambio social, sin socavar la cohesión del equipo o la integridad de la competencia.

A nivel práctico, encontrar un equilibrio implica un diálogo constante entre los atletas, los entrenadores, los administradores y las organizaciones deportivas. También involucra la revisión y reforma regular de las reglas y regulaciones deportivas para asegurar que sigan siendo justas. En última instancia, el objetivo debe ser promover un deporte que sea competitivo, justo e inclusivo, y que respete y valore las libertades individuales.

Al mismo tiempo, las reglas y regulaciones deben ser revisadas y actualizadas regularmente para asegurar que sean justas y relevantes en el contexto social y cultural en constante cambio. Esto podría implicar la flexibilidad en la interpretación de las reglas y una mayor consideración de los contextos individuales y culturales de los atletas.

Además, las políticas y las regulaciones deben proteger explícitamente a los atletas de la discriminación basada en el género, la raza, la religión, la orientación sexual, la identidad de género, la discapacidad, etc. Esto asegura que las libertades individuales sean respetadas y que todos los atletas tengan la oportunidad de competir en igualdad de condiciones. No se debe olvidar que los atletas deben tener espacios en los que puedan expresarse y abogar por cuestiones sociales y políticas que les importen. Esto podría incluir el uso de las redes sociales, entrevistas con los medios de comunicación, e incluso gestos de protesta o solidaridad en el campo de juego.

Con todo esto, la educación y la capacitación son claves para asegurar que los atletas, los entrenadores y los administradores entiendan la importancia de las libertades individuales y cómo equilibrarlas con las demandas del deporte. Esto podría incluir la educación en ética deportiva, derechos humanos y justicia social. Cuando surjan conflictos entre las libertades individuales y las demandas del deporte, debe haber mecanismos de mediación y resolución de conflictos que sean justos, transparentes e imparciales. Esto implica la participación de terceros independientes, como mediadores o árbitros.

Estas soluciones representan un compromiso que reconoce tanto la competitividad inherente del deporte como el valor intrínseco de las libertades individuales. Es importante tener en cuenta que encontrar el equilibrio puede requerir un esfuerzo constante y la voluntad de adaptarse y aprender de las experiencias.

DEPORTE Y LIBRE MERCADO: UNA RELACIÓN SIMBIÓTICA

La relación entre el deporte y el libre mercado es compleja y multifacética. El deporte, como institución, no sólo se ve influenciado por las fuerzas del libre mercado, sino que también puede influir en estas mismas fuerzas a través de la creación y distribución de valor económico. Uno de los aspectos más evidentes de esta relación es la comercialización y monetización del deporte.

A medida que el deporte se ha profesionalizado y globalizado, ha emergido como un sector económico significativo en su propio derecho. Los contratos de televisión, patrocinios y acuerdos de licencia han convertido al deporte en un generador de ingresos multimillonario y un componente clave de la economía global del entretenimiento.

Sin embargo, el libre mercado también ha planteado desafíos para el deporte. Por ejemplo, la creciente brecha salarial entre los atletas de élite y aquellos en niveles inferiores refleja las desigualdades económicas más amplias. Las prácticas de dopaje y otros tipos de trampas pueden ser entendidas en parte como el resultado de la intensa competencia y las altas recompensas financieras en el deporte de élite.

Por otro lado, el deporte puede influir en el funcionamiento del libre mercado al generar valor económico y social. Los eventos deportivos pueden tener un impacto económico significativo en las ciudades y regiones anfitrionas, y el "capital social" generado por el deporte puede contribuir al desarrollo económico y social. En resumen, la relación entre el deporte y el libre mercado es un reflejo de las tensiones y posibilidades del capitalismo moderno. Como tal, requiere un equilibrio cuidadoso entre los beneficios económicos y los valores y principios deportivos.

Por ejemplo, la relación entre el fútbol y el libre mercado es una mezcla dinámica de economía global, política deportiva y pasión por el juego. A medida que el fútbol se ha transformado en un fenómeno global, el libre mercado ha desempeñado un papel central en dar forma a su desarrollo y distribución mundial. Uno de los ejemplos más prominentes de la intersección entre el fútbol y el libre mercado es la Copa Mundial de la FIFA. Desde su inicio en 1930, la Copa del Mundo ha evolucionado de un torneo de fútbol modesto a un evento global que atrae a miles de millones de espectadores en todo el mundo (Tomlinson y Young, 2006). Este crecimiento ha sido impulsado en gran medida por los ingresos generados por los derechos de transmisión de televisión, patrocinios y mercancías oficiales, todos los cuales son componentes clave de la economía del libre mercado.

Sin embargo, la influencia del libre mercado en el fútbol no está exenta de críticas. El trato diferente entre los clubes ricos y pobres, tanto a nivel nacional como internacional, (Szymanski, 2010). Además, los altos costos de albergar la Copa del Mundo han llevado a cuestionamientos sobre el valor económico y social del torneo, especialmente en países en desarrollo. A pesar de estas preocupaciones, el fútbol sigue siendo un motor económico importante a nivel mundial. La Copa del Mundo, a pesar de sus críticas, genera un impulso económico significativo para los países anfitriones y crea una plataforma para la exposición y promoción internacional.

Respecto a los Juegos Olímpicos, su relación con el libre mercado ha sido transformacional, tanto para el evento como para el mercado global. La expansión y evolución de los Juegos Olímpicos en el siglo XX y XXI se han entrelazado con el desarrollo del capitalismo global, creando una dinámica mutuamente beneficiosa, pero a veces problemática.

Desde su inicio moderno en 1896, los Juegos Olímpicos han crecido de un evento modesto a una de las mayores competiciones deportivas del mundo, un cambio catalizado en gran medida por las fuerzas del libre mercado (Preuss, 2004). Los derechos de transmisión, el patrocinio corporativo y la mercancía oficial han convertido a los Juegos en una operación multimillonaria, generando ingresos significativos para el Comité Olímpico Internacional (COI) y los países anfitriones.

Sin embargo, la creciente comercialización de los Juegos también ha provocado críticas. Al igual que con la

Copa del Mundo de la FIFA, la brecha de riqueza entre los atletas y las naciones participantes, así como los altos costos de organización del evento, han sido temas de discusión y preocupación (Szymanski, 2011). Además, los problemas de corrupción y dopaje han sido exacerbados por los altos estímulos económicas disponibles en el deporte olímpico de élite. A pesar de esto, los Juegos no sólo generan ingresos a través de la venta de derechos de transmisión y patrocinios, sino que también pueden proporcionar un impulso económico a las ciudades anfitrionas a través del turismo y el desarrollo de infraestructuras. De esta manera, la relación entre los Juegos Olímpicos y el libre mercado es una simbiosis delicada de oportunidades económicas y desafíos éticos. Si bien el libre mercado ha permitido el crecimiento y la globalización de los Juegos, también ha traído consigo problemas que requieren atención y gestión cuidadosas.

En caso de los Estado Unidos, el Super Bowl representa un ejemplo fascinante de la confluencia de deportes, economía de libre mercado, libertades individuales y cultura. Como uno de los eventos deportivos más grandes y lucrativos del mundo, ilustra cómo el libre mercado influye y es influenciado por las instituciones deportivas.

El Super Bowl, la final del campeonato de la National Football League (NFL), se ha convertido en un espectáculo multimillonario. Este éxito se puede atribuir en gran medida a las fuerzas del libre mercado. La venta de derechos de transmisión, publicidad, patrocinios y mercancía ha convertido el Super Bowl en un evento altamente rentable para la NFL y sus socios comerciales.

Sin embargo, al igual que con la Copa del Mundo de la FIFA y los Juegos Olímpicos, el Super Bowl ha enfrentado críticas por su relación con el libre mercado. Por un lado, los costos de alojamiento y las desigualdades en los ingresos entre los jugadores y la liga son objeto de debate (Zimbalist, 2010). Por otro lado, la comercialización del evento, especialmente el codiciado espacio publicitario durante el medio tiempo ha suscitado preocupaciones sobre el excesivo enfoque en las ganancias sobre el deporte.

Independientemente de las críticas, el Super Bowl sigue siendo un hito importante en el calendario económico de los Estados Unidos. Genera una cantidad significativa de ingresos y tiene un impacto económico tangible en las ciudades anfitrionas, a través del turismo, el desarrollo de infraestructuras y el gasto de los consumidores. Si bien el libre mercado ha permitido el crecimiento y el éxito del Super Bowl, también ha planteado preguntas críticas sobre la comercialización del deporte.

EL DEPORTE COMO PLATAFORMA EDUCATIVA: ENSEÑANZA DE LOS DERECHOS INDIVIDUALES Y EL LIBRE MERCADO

La educación y el entrenamiento en deporte no sólo sirven para mejorar la habilidad física y la estrategia competitiva, sino también para formar individuos más completos, conscientes de sus derechos individuales y la economía de mercado. La educación en derechos individuales puede comenzar en el propio terreno de juego. El respeto a las reglas del deporte es un paralelismo al respeto de las leyes en una sociedad.

Además, los derechos de cada atleta, como el derecho a competir en igualdad de condiciones, refuerzan la idea de los derechos individuales. En el ámbito de la formación, es importante incorporar módulos educativos que enseñen a los deportistas sobre sus derechos y libertades individuales, así como los de los demás.

El deporte también puede ser un microcosmos para enseñar sobre el libre mercado. Los atletas profesionales experimentan de primera mano la competencia, la oferta y la demanda. Por ejemplo, la remuneración de los deportistas suele depender de su rendimiento y su popularidad, similares a cómo las fuerzas del mercado determinan el valor de un producto o servicio.

Asimismo, la gestión de las carreras deportivas ofrece un aprendizaje sobre el libre mercado. Los deportistas toman decisiones estratégicas sobre contratos, patrocinios y derechos de imagen, que son aspectos fundamentales de la economía de mercado. El entrenamiento y la educación en estos temas podrían incluir el aprendizaje sobre economía, contratos, derechos de imagen, inversión y manejo del dinero. Una educación bien redondeada en estos temas puede equipar a los deportistas con las habilidades necesarias para navegar su carrera profesional y su vida personal, al mismo tiempo que aumenta su comprensión y aprecio por las libertades individuales y el libre mercado. Con la formación adecuada, los deportistas pueden aprender no sólo a ser mejores en su disciplina, sino también a ser ciudadanos más informados y conscientes.

CONCLUSIONES. UN GOL HACIA LA AUTONOMÍA Y EL RESPETO

Así, el deporte juega un papel fundamental en la formación del individuo y en el desarrollo de su respeto hacia los derechos de los demás. Actúa como un espacio para la autoexpresión, el desarrollo personal y el aprendizaje de valores fundamentales, incluso en eventos globales como la Copa Mundial de la FIFA y los Juegos Olímpicos. El deporte ofrece un medio para cultivar la individualidad. Los atletas aprenden a entender sus fortalezas y debilidades, a establecer metas y a desarrollar disciplina y perseverancia para alcanzarlas. Este proceso de autodescubrimiento y automejora fomenta la autoestima y la autonomía, esenciales para la formación de un individuo.

Además, el deporte promueve el respeto por los derechos de los demás. La competencia deportiva enseña a los atletas a respetar las reglas, a apreciar el esfuerzo de los competidores y a aceptar las decisiones de los árbitros. Todo esto son aspectos fundamentales del respeto por los derechos de los demás, una parte esencial de la convivencia social y la ciudadanía democrática.

Estas facetas del deporte son evidentes incluso a nivel de eventos mundiales como la Copa Mundial de la FIFA. Aquí, los atletas demuestran su individualidad en el escenario mundial, mientras que también muestran respeto por sus oponentes y por las reglas del juego. Este equilibrio de autoafirmación y respeto es un ejemplo inspirador para los espectadores de todo el mundo.

Así, el deporte es un campo de entrenamiento para la formación del individuo y el desarrollo del respeto por los derechos de los demás. Ya sea en la cancha local o en el escenario de la Copa del Mundo, el deporte ofrece valiosas lecciones sobre individualidad, autonomía y respeto.

Se ha mostrado la compleja relación entre el deporte y las libertades individuales. A través del panorama histórico se ha probado cómo, a lo largo de los años, el deporte como una institución social ha servido tanto para limitar como para promover las libertades individuales.

El deporte puede ser un poderoso medio de expresión personal y un vehículo para el cambio social. Se han destacado los ejemplos de deportistas que han utilizado su plataforma para promover sus propias libertades y las de otros.

Encontrar un equilibrio entre las demandas del deporte y el respeto por las libertades individuales es trascendental. Este equilibrio puede lograrse a través de un diálogo constante entre los atletas, los entrenadores, los administradores y las organizaciones deportivas, una revisión regular de las reglas y regulaciones deportivas, y un compromiso con la promoción de un deporte que sea competitivo, justo e inclusivo.

En conclusión, equilibrar las demandas del deporte con las libertades individuales no es una tarea fácil, pero es una necesidad. A medida que el deporte evoluciona y se desarrolla en el contexto de una sociedad en constante cambio, es esencial que continuemos este diálogo y reflexionemos sobre cómo podemos garantizar que el deporte respete y promueva las libertades individuales, al tiempo que mantiene su esencia competitiva y equitativa. A través de una mayor reflexión y diálogo sobre este tema, se puede esperar lograr este equilibrio delicado pero esencial. Mientras tanto, el deporte y las libertades individuales siguen siendo una simbiosis, aunque imperfecta.

REFERENCIAS BIBLIOGRÁFICAS

Aristóteles. (1984). *Política*. Gredos.
Aristóteles. (1995). *Metafísica*. Gredos.
Aristóteles. (2004). *Ética a Nicómaco*. Alianza Editorial.

Barker, J. (1986). *The Tournament in England: 1100-1400*. Boydell Press.

Bennett, J. M. (1999). *Women in the Medieval English Countryside: Gender and Household in Brigstock before the Plague*. Oxford University Press.

Crouch, D. (2005). *Tournament*. Hambledon Continuum.

Crowther, N. B. (2007). *Sport in Ancient Times*. Greenwood Press.

Evans, R.. (2005). *The Third Reich in Power*. Penguin.

Ezra, M. (2009). *Muhammad Ali: The Making of an Icon*. Temple University Press.

Fraleigh, W. P. (1984). *Right actions in sport: Ethics for contestants*. Human Kinetics.

Gabbiani, M. (2002). *Sport e fascismo*. Edizioni di Storia e Letteratura.

Giudice, C. (2012). *Beloved Warrior: The Rise and Fall of Alexis Argüello*. Potomac
Books, Inc.

Goldblatt, D. (2016). *The Games: A Global History of the Olympics*. W. W. Norton & Company.

Guttmann, A., & Thompson, L. (2001). *Chinese Sports: A Historical Outline*. Oxford University Press.

Hargreaves, J. (1994). *Sporting Females: Critical Issues in the History and Sociology of Women's Sports*. Routledge.

Harvey, A. (2005). *Football: The First Hundred Years*. Routledge.

Hayek, F. A. (2010). *Camino de servidumbre*. Alianza Editorial.

Hayek, F. A. (2006). *Derecho, legislación y libertad : una nueva formulación de los principios liberales de la justicia y de la economía política*. Unión Editorial.

Holt, R. (1992). *Sport and the British: A Modern History*. Oxford University Press.

Hong, F. (2017). *Sport, Physical Education, and Modern China: 1840 to the present day*. Routledge.

Hyland, D. A. (1990). *Philosophy of sport*. Paragon House.

Jenkins, S. (2008). *The Real All-Americans*. Doubleday.

Kyle, D. G. (2007). *Sport and Spectacle in the Ancient World*. Blackwell Publishing.

Locke, J. (1689). *Two Treatises of Government*. Awnsham Churchill.

Loland, S. (2002). *Fair Play in Sport: A Moral Norm System.* Routledge.

Martin, S. (2004). *Football and Fascism: The National Game under Mussolini.* Bloomsbury Publishing.

Mises, L. (1949). *Human Action: A Treatise on Economics.* Yale University Press.

Montesquieu, C. de (1748). *De l'esprit des lois.* Garnier-Flammarion.

Morgan, W. J. (1987). *The ethics of sport: a reader.* Prometheus Books.

Morris, M. A. (2010). *Marrying Out: Ethnic Chinese Intermarriage in North* America
University of British Columbia Press.

Mullan, H. & Muran, B. (1997). *The Manly Art: Bare-Knuckle Prize Fighting in America.* Cornell University Press.

Pei, M. (2006). *China's Trapped Transition.* Harvard University Press.

Popper, K. (1945). *The Open Society and Its Enemies.* Routledge.

Preuss, H. (2004). *The Economics of Staging the Olympics: A Comparison of the Games, 1972-2008.* Edward Elgar Publishing.

Rampersad, A. (1997). *Jackie Robinson: A Biography.* Knopf.

Rawls, J. (1971). *A Theory of Justice.* Harvard University Press.

Sánchez, Y. (2011). *Havana Real: One Woman Fights to Tell the Truth about Cuba*
Today. Melville House.

Sands, R. (1999). *Anthropology, Sport, and Culture.* Bergin & Garvey.

Say, J.-B. (1803). *A Treatise on Political Economy.* Grigg & Elliot.

Shields, D. L., & Bredemeier, B. L. (2007). Advances in sport morality research. In *Handbook of sport psychology* (pp. 662-684). John Wiley & Sons, Inc.

Smith, A. (1776). *An Inquiry into the Nature and Causes of the Wealth of Nations.* W. Strahan and T. Cadell.

Strutt, J. (1801). *The Sports and Pastimes of the People of England.* Methuen & Co.

Szymanski, S. (2010). *The Comparative Economics of Sport.* Palgrave Macmillan.

Szymanski, S. (2011). Sporting Equals: Title IX and the Law of Supply and Demand. In: *Journal of Sports Economics,* 12(3), 284-300.

Tierney, B. (1997). The Idea of Natural Rights: Studies on Natural Rights, Natural Law, and Church Law. In: *Emory University Studies in Law and Religion.*

Tognotti, E. (2013). The Italian Influenza: Italy's Important Contribution to the History of Sports Medicine. In: *The American Journal of Sports Medicine,* 41(6), 1245-1249.

Tomlinson, A., & Young, D.C. (2006). *National Identity and Global Sports Events: Culture, Politics, and Spectacle in the Olympics and the Football World Cup.* State University of New York Press.

Williams, J. (2003). *A Game for Rough Girls? A History of Women's Football in England.* Routledge.

Young, D.C. (1993). *The Olympic Myth of Greek Amateur Athletics.* Ares.

Zimbalist, A. (2010). *Circus Maximus: The Economic Gamble Behind Hosting the Olympics and the World Cup.* Brookings Institution Press.

Zirin, D. (2018). *Things That Make White People Uncomfortable.* Haymarket Books.

www.ingramcontent.com/pod-product-compliance
Lightning Source LLC
Chambersburg PA
CBHW031254160726

47993CB00001B/150